How to write a thesis
A guide for beginners / Edition 2

초보자를 위한
학위논문 작성법 ^{2판}

김혜숙 · 공윤정 · 김명섭 · 여태철 · 정애경 · 황매향 공저

학지사

2판 머리말

 이 책의 초판이 발행된 지 벌써 8년이 흘렀다. 논문 작성을 위한 좋은 길잡이라는 긍정적 피드백이 많아서 뿌듯하기도 했고 감사한 마음이 많았지만, 다른 한편으로는 그동안의 새로운 발전동향을 반영하는 개정판을 내야 한다는 부담감이 있었던 것도 사실이다. 그래서 독자들의 피드백과 저자들의 상호 피드백을 반영하여 보다 발전된 개정판을 지난 1여 년간 준비하였다.

 초판은 8개의 장으로 이루어져 있었는데, 2판은 10개 장으로 확장하였다. 연구방법과 결과 및 해석을 다룬 장들에서 가장 많은 변화가 있었다. 초판의 제5장에 해당하였던 연구방법을 제5장의 양적 연구방법과 제6장의 질적 연구방법으로 확장하였으며, 초판의 제6장에 해당하였던 결과 및 해석 역시 양적 연구와 질적 연구로 구분하여 제7장과 제8장으로 확장하였다. 이를 위해 신진학자들인 김명섭 교수와 정애경 교수가 새로이 저자진에 합류하였다.

 초판의 제5장 통계분석방법에서는 주로 SPSS Win을 활용한 분석방법을 여태철 교수가 소개하였는데 개정판에서는 매개효과와 조절효과 분석방법을 추가하였고, 그에 더해서 SPSS Win을 활용한 분석을 Jamovi에서는 어떻게 실시할 수 있는지를 김명섭 교수가 설명하였다. 제7장의 양적 연구의 결과 및 해석도 제5장의 연구방법에 맞게 개정하였다. 제6장의 질적 연구방법과 제8장의 질적 연구의 결과 및 해석은 정애경 교수가 집필해 주었다. 초판에서 질적 연구를 충분히 다루지 못해서 아쉬웠던 점을 이번에 정애경 교수가 해결해 주었다. 나머지 장에서도 미진했던 설명을 보충하였고 그동안의 변화와 발전동향을 반영할 수 있도록 세심하게 개정작업을 하였다.

초판이 독자들에게 논문 작성의 어려움을 극복하는 좋은 길잡이 역할을 했던 것처럼 개정판도 논문을 준비하는 대학원생들과 교사들에게 많은 도움이 될 수 있을 것이라 믿는다. 우리가 출간한 책이 독자들에게 도움이 되고 있음을 확인하는 것은 저자들에게 언제나 큰 감사와 집필에 대한 의욕을 느끼게 해 준다.

새로이 저자진에 합류한 김명섭 교수와 정애경 교수, 또 개정 작업에 정성을 다한 공윤정 교수, 여태철 교수, 황매향 교수 등 저자들의 수고에 감사드린다. 좋은 동료들과 함께 일하는 즐거움을 이번 개정 작업에서도 누릴 수 있었던 것은, 개인적으로 덤으로 받은 행복이라고 생각한다. 개정판 출간을 위한 편집 작업을 해 주신 학지사 관계자에게도 감사의 마음을 전한다.

2021년 8월
대표 저자 김혜숙

1판 머리말

  대학원 진학은 보통 해당 전공에 대한 관심과 열정으로 시작한
다. 그래서 '공부가 재미있다.'는 대학원생이 많다. 그러나 그렇게
재미있는 공부임에도 불구하고, 학위논문을 써야 한다는 점은 대
학원 과정 내내 마음 한구석에 크나큰 부담이 된다고 토로하는 대
학원생이 많은 것도 사실이다.

  대부분의 대학원생에게 학위논문 작성은 어디서부터 어떻게 시
작해야 할지조차 모호할 정도로 매우 생소한 작업이다. 생소함은
두려움을 동반한다. 게다가 논문 검색 결과에 나타나는 그 수많은
논문을 모두 어떻게 썼는지 부럽기도 하고, 내가 관심 있는 주제는
이미 다른 사람들이 다 써 버린 것 같아서 아쉽고 실망스럽기도 하
다. 논문마다 뭔가 일정한 틀과 형식이 있는 것 같으면서 또 다른
것 같기도 하여 혼란스럽다고도 한다. 연구방법론에 관련된 책을
보면서 공부하면 그러한 두려움과 혼란이 덜어질 것이라고 기대
했지만 오히려 더 어렵고 막막한 느낌이 든다는 경우도 많다.

  그동안 대학원생들의 학위논문과정을 지도 · 심사하는 교수의
입장에서 저자들은 매번 유사한 피드백을 자꾸만 되풀이하게 되
는 자신과 동료 심사위원들을 발견하곤 하였다. 연구방법론 강의

도 수강한 학생들이며, 지도·심사하는 교수들은 매번 유사한 피드백을 제공함에도 불구하고 다음 해의 대학원생들이 또 유사한 실수와 어려움을 겪는 이유는 무엇일까? 그러한 고민이 이 책이 나오게 된 주된 이유이다.

초·중·고등학교 학생들의 교육에서는 학습자의 수준에 적합한 교육을 매우 중시한다. 그러나 석·박사를 배출하는 대학원 과정에서는 학습자가 이미 일정 수준에 도달했음을 가정하거나 도달해 있어야 한다는 전제하에 교육이 이루어지는 것처럼 보이는 경우가 많다. 그러나 전공에 대한 지식이 상당하다는 것이 그 전공영역에서 학위논문을 작성하는 능력을 보장해 주지는 못한다. 대학에서 연구방법론과 관련된 강좌를 수강한 적이 전혀 없는 대학원생들의 경우는 더욱 그렇다. 심지어 초·중·고등학교에서 현장연구를 수행해 본 경험이 많은 대학원생도 학위논문을 작성하려면 또 다른 학습과 훈련이 필요하다.

제목에 제시되었듯이, 이 책은 학위논문 작성에 초보인 연구자를 위한 책이다. 초보연구자의 수준에 적합한 책을 쓰기 위하여, 우선 대학원생들이 학위논문과 관련하여 가진 질문들을 수합하는 것으로 시작하였다. 그 질문들을 유사한 범주로 정리하고 그동안 저자들이 학위논문 작성자들에게 반복해서 일러 주려 했던 사항들을 더한 다음, 학위논문의 전반적 틀과 관련하여 재정리한 후 범주별로 중요한 점들을 제시하고자 하였다.

제1장은 논문 작성의 전체 과정이 어떻게 이루어지는지 개괄하였는데, 논문계획서 발표와 이후 연구 수행 및 심사과정, 그 과정

에서 지도교수와 연구자의 역할 등을 살펴보았다. 제2장에서는 논문을 시작하는 단계에서 선행연구를 탐색하고 정리하는 방법, 연구주제를 선정하고 방법을 결정하기 위해 고려할 점 및 연구윤리 등을 제시한다. 제3장부터 제8장까지는 학위논문의 작성체계에 따라서 서론, 이론적 배경, 연구방법, 결과 및 해석, 논의, 참고문헌을 제시하는 방법들을 구체적인 예와 함께 설명하였다. 학위논문의 각 부분들에서 중요하게 고려해야 할 점, 실수하기 쉬운 점, 대학원생들이 흔히 질문하는 점 등을 자세하고, 친절하게 설명하고자 하였다.

이 책에서 제시되는 설명에 따라서 한 단계씩 진행하다 보면 학위논문 작성이 더 이상 미로같이 느껴지지 않을 것이다. 초보자로 시작하지만 학위논문을 제대로 쓴다는 성취감도 가질 수 있기 바란다. 이 책이 '처음이지만 충분히 할 수 있다.' '이전 대학원생들도 어려워했지만 성공적으로 논문을 써 냈다. 여러분은 더 잘할 수 있다.'라는 격려의 구체적인 형태로 받아들여지기 바란다. 학위논문에 관해 가진 질문들을 솔직하게 나누어 준 대학원생들에게 감사하며, 그 질문들을 이 책에서 친절하게 답하였기를 희망한다. 교정과 인쇄 과정에서 정성스럽게 도와준 학지사 관계자에게도 감사의 마음을 전한다.

2013년 7월
대표 저자 김혜숙

제3장 서론 쓰기 73

제6장 연구방법 II : 질적 연구 153

제7장 결과 및 해석 I : 양적 연구 173

제8장 결과 및 해석 II: 질적 연구 191

제9장 논의 205

논문 시작부터 끝내기까지 전체 과정

제1장

이 장에서는 논문이 언제, 어떻게 시작되고 어떤 과정을 거쳐서 끝나게 되는지 그 전반적인 개요를 제시한다. 즉, 전반적인 일정은 어떠하며, 논문의 실제적인 시작이라고 할 만한 논문계획서 준비와 발표 및 그 후속조치, 논문심사과정 등을 살펴본다. 또한 논문 작성의 전체 과정에서 지도교수의 역할과 연구자의 준비 자세에 대해서도 알아본다.

1 논문 작성의 시작

논문은 대학원 과정의 중요한 부분이므로 대학원 입학 때부터 매 학기 해당 일정을 빠뜨리지 말고 챙겨야 한다. 대학원마다 홈페이지에 논문제출일람을 일목요연하게 제시하고 있으므로, 그에 따라 진행하면 된다. 다만 대학원 전체적으로 준수해야 하는 일정에 더해서 전공별로 요구하는 절차들도 있으므로 그 또한 중요하게 챙겨야 한다.

예 1

　경인교육대학교 학교상담전공과정의 경우, 대학원 전체적으로 요구되는 연구계획서 제출 외에도 논문심사본 제출 학기보다 한 학기 전에 상세한 연구계획서를 작성하여 발표하고 피드백을 받는 과정을 매우 중요한 절차로 포함하고 있다. 즉, 4학기 초에 논문계획서를 발표함으로써 다음 학기에 심사본을 제출하기 위한 준비를 철저히 하도록 하고 있다. 3학기 중에 대학원 사무실에 제출하는 연구계획서는 두 쪽 정도의 간단한 내용이면 충분하지만, 4학기에 전공 내에서 발표하는 논문계획서는 서론, 이론적 배경, 연구방법, 참고문헌 등을 망라하는 상세한 것으로서 오랜 시간과 노력을 들여 준비해야 한다.

　논문과 관련된 중요한 일정은 대학원 사무실과 전공에서 과대표나 조교를 통해서 해당 학기 대학원생들에게 알려 준다. 그러나 논문 관련 일정을 빠뜨리지 않고 챙기는 것은 어디까지나 대학원생 개개인의 책임이므로, 스스로 홈페이지 및 관련 자료를 확인하는 것이 중요하다.

　특히 휴학을 한 경우에는 연락 대상 목록에서 누락되기 쉬우므로, 스스로 관련 일정을 챙겨야 한다. 논문을 심사받고자 하는 학기로부터 거꾸로 계산하여 논문계획서 발표 학기를 챙기고, 해당 학기에 논문계획서를 발표하는 대학원생들의 대표에게 연락하여 본인의 참여 의사를 밝히고 필요한 연락에서 빠뜨리지 않도록 부탁하면 도움이 된다. 물론 지도교수에게도 의사를 밝혀야 한다.

2 논문계획서 준비와 발표

무엇에 관해서 논문을 쓸까 생각하고 고민하는 단계부터 논문 작성은 이미 시작되는 것이지만, 구체적·실제적인 논문의 시작 단계는 논문계획서를 준비하는 것이다. 이는 대부분의 연구자에게 가장 힘든 단계이기도 하다.

1) 논문계획서 준비는 언제부터 시작할까

논문계획서를 발표하는 시점에서 늦어도 한 학기 전부터 논문계획서를 준비해야 한다. 논문계획서는 한두 주 고민한다고 쓸 수 있는 것이 아니다. 다음 장들에서 논문주제를 정하기 위한 과정과 방법 및 주의점을 제시하겠지만, 논문주제를 정하려면 많은 시간과 노력과 고민과 좌절을 거치게 된다. 그러니 일찌감치 시작할수록 좋다.

☑ 자신의 관심 분야를 동료 대학원생들과 지도교수에게 자주 얘기하라. 관심 있는 분야에 대한 자신의 생각도 정리될 뿐 아니라 값진 피드백을 받을 수 있는 좋은 기회가 된다.

2) 논문계획서는 왜 쓸까

논문계획서는 말 그대로 연구자가 어떤 주제의 연구를 어떻게 진행할 것인지에 대한 계획을 기술한 것으로서, 과연 연구할 만한 가치가 있는 연구인지, 연구를 진행하는 방법이 적절한지에 대해서 피드백을 받기 위한 것이다.

하나의 논문이 완성되려면 적어도 1년 정도의 시간이 걸리는 게 보통이다. 그런데 연구자가 생각하기에는 연구의 가치가 매우 높은 것이라 생각해서 연구를 진행하고 완성하였는데, 심사를 받는 상황에 이르러서야 이미 동일한 주제의 연구가 나와 있거나 연구 방법이 잘못되었음을 발견한다면 그동안의 수고가 헛일이 된다. 이런 일을 방지하기 위해서 미리 논문계획서를 작성하고 꼼꼼하게 피드백을 받도록 하는 것이다. 논문계획서를 작성하는 것은 집을 짓기 위해 무턱대고 벽돌을 쌓는 것이 아니라 설계도부터 작성하는 것과 같다.

3) 논문계획서에는 어떤 내용이 들어가야 할까

논문계획서에는 완성된 논문의 결과와 논의 부분을 제외한 모든 부분이 포함된다고 생각하면 간단하다. 논문계획서가 완성이 되면 논문의 절반 이상이 끝난 것으로 보아도 좋다. 논문계획서에 들어가야 할 내용은 다음과 같다.

- 제목(연구주제)
- 서론(연구의 필요성과 연구문제 및 용어 정의 등)
- 이론적 배경(해당 연구주제에 관련되는 선행연구들을 정리하고 조직하여 제시)
- 연구방법(어떤 도구를 사용하여 어떤 방법으로 연구를 진행할지 구체적으로 제시)
- 참고문헌

논문계획서에 앞의 내용들을 모두 포함한다면 그 분량이 수십 쪽에 달할 수도 있으나, 연구의 성격과 이론적 배경에 따라서 열 쪽 내외의 분량에 그칠 수도 있다. 중요한 것은 양의 많고 적음이 아니라 연구의 목적과 계획을 분명하게 보여 주는 것이다.

한편, 완성된 논문과 논문계획서는 종결어미에서 차이를 줄 필요가 있는데, 완성된 논문은 이미 논문의 모든 과정이 끝난 것을 진술한 것이므로 연구방법에서 '~하였다.'라고 기술하지만 논문계획서는 아직 논문을 계획하는 단계이므로 '~할 것이다.'라고 기술한다.

4) 논문계획서 발표는 어떻게 해야 할까

대부분의 대학원이 교수들과 동료 대학원생들이 모인 자리에서 논문계획서를 발표하게 한다. 이 자리는 연구자의 연구계획에 대한 피드백을 주는 자리인 동시에, 대학원생들에게 논문계획서 작성에 대해 교육하는 자리이기도 하다. 발표 상황에서 논문계획서를 상세하게 제시하기에는 시간적 제약이 많으므로, 상세한 논문계획서 전체는 교수들에게 대략 한 주 정도 전에 제출하도록 한다. 학교에 따라서는 동료 대학원생들에게도 논문계획서 전체를 복사해서 나눠 주기도 하나, 대체로 두세 쪽 정도의 요약본을 따로 마련하여 나눠 주는 것이 보통이다.

발표에 앞서 이미 교수들과 동료 대학원생들에게 자료로 논문계획서를 제시하므로, 발표 자체는 간단명료하게 하고 피드백을 받는 데 초점을 맞추도록 한다. 피드백 내용 중에 잘 이해되지 않는 점이 있으면 그냥 넘어가지 말고 질문을 하는 것이 좋다.

교수들의 피드백은 모두 받아 적거나 녹음을 해 둠으로써 논문을 수정하고 발전시키는 데 활용한다. 자신의 원래 계획대로 논문계획서를 방어하는 것이 주 목적이 아니라, 피드백을 잘 활용하여 더욱 좋은 논문을 만들 수 있도록 하는 것이 주 목적임을 잊지 말자.

☑ 논문계획서 발표 자리는 논문계획서에 대해서 시험을 보는 자리가 아니다. 교수들과 동료 대학원생들이 가득한 자리에서 발표를 하고 질문에 답하는 것은 사실 누구에게나 부담스러울 것이다. 교수들이 질문을 하는 경우, 그 질문은 연구계획서의 내용에서 불분명한 부분을 명료하게 하기 위해서거나 연구자로 하여금 다른 시각에서 생각해 보도록 하기 위한 것이다. 그러므로 '논문을 위해 함께 생각하는 자리'로 편안히 여기도록 하자.

여러 교수 및 동료 대학원생이 함께 연구자의 논문을 위해 생각하고 피드백을 주는 자리를 마련하는 만큼, 연구자는 피드백을 받기 위한 자신의 역할을 충분히 하여야 한다. 혹시라도 '대충 준비해서 일단 피드백을 받은 다음에 제대로 논문계획을 작성하지 뭐.'라는 식으로 지나치게 편안하게 생각하면 안 된다. 지도교수의 지도하에 연구자가 최선을 다해서 연구계획을 잘 세운 후에야 피드백을 받을 자격이 있다.

5) 논문계획서 발표가 끝나면 바로 연구를 진행하면 될까

아니다. 먼저 논문계획서 발표 시에 질문받은 내용과 피드백 받은 내용들은 교수별/영역별로 일목요연하게 정리를 해야 한다.

예 2

논문계획서 피드백 및 질문내용 정리를 위한 표 예시

	A 교수	B 교수	C 교수	동료 대학원생들
제목				
서론				
이론적 배경				
연구방법				
참고문헌				
기타				

피드백 내용을 정리한 후에 지도교수를 만나서 연구의 방향을 논의한다. 논의의 결론은 크게 세 가지 중 하나가 될 것이다. 즉, ① 당초 계획한 대로 연구를 바로 진행하거나, ② 연구계획의 기본적 골격은 유지한 채 일부 수정하여 연구를 진행하거나, ③ 새로운 주제를 선택하여 연구계획서를 다시 작성해서 다음 학기에 다시 연구계획서를 발표하게 되는 것이다. 연구계획서 발표 이전에 지도교수를 여러 번 만나서 지도를 충분히 받았다면 ①이나 ②에 해당될 가능성이 높고, 연구계획서를 완전히 새로 쓰게 되는 결과는 거의 일어나지 않는다고 보아도 좋다.

한편, 교수들 간에 피드백 내용이 다소 다르거나 심지어 완전히 반대되는 피드백을 주는 경우도 없지 않다. 그런 경우에는 지도교수와 함께 피드백 내용을 잘 검토하여 결정하면 된다. 논문의 방향을 결정하는 사람은 연구자와 지도교수이므로, 어떤 피드백 내용을 어떻게 반영할지도 연구자와 지도교수가 결정하는 것이다.

3 논문심사본 작성과 마무리

1) 논문심사는 어떻게 이루어질까

논문계획서 발표 후 수정을 거친 후에는 계획된 대로 연구를 진행하여 졸업하고자 하는 학기에 심사본을 제출한다. 휴학 없이 모든 강의를 이수하였다면, 경인교육대학교의 경우 마지막 학기인 5학기에 제출하는데 보통 대학원 종강일보다 한 달 정도 전에 심사본(석사학위청구논문)을 제출하게 한다. 석사논문청구본의 심사는 지도교수를 포함한 3인의 심사위원으로 구성되는 것이 보통이다.

논문심사는 그냥 절차상 거치는 요식행위가 아니라, 논문 전반을 재검토하여 석사학위논문으로서의 적합성을 꼼꼼히 따지는 과정이다. 논문계획서를 충실히 작성하였고, 논문계획서 발표를 통해 얻은 피드백을 잘 반영하여 연구를 진행하였으며, 지도교수의 지도를 충분히 받아서 심사본을 완성하였다면 논문심사 중에 크게 당황하는 일은 없을 것이다.

그러나 논문계획서 발표 때와는 달리 논문심사 시에는 연구자가 자신의 논문 전반에 대해서 어떤 질문이라도 답할 수 있는 준비가 되어 있어야 한다. 자신이 오랜 기간에 걸쳐서 준비하고 진행한 논문이 석사학위논문으로서 적합함을 심사위원들에게 보여 줄 수 있어야 하는 것이다.

2) 논문심사본에는 어떤 내용들이 포함될까

논문심사본은 완전한 논문 형태를 갖추어야 한다. 대학원마다 석사학위청구논문 작성지침이 마련되어 있다. 표지 양식부터 목차, 국문초록, 본문 양식, 참고문헌까지 모두 해당 지침에 따라서 작성되어야 한다. 다만, 영문초록(abstract)은 최종심사가 끝난 후에 첨부하여도 좋다. 대학원의 작성지침을 꼼꼼히 참고하여 양식에 맞도록 작성하는 성의를 보여야 한다.

논문의 본문은 크게 ① 서론, ② 이론적 배경, ③ 연구방법, ④ 결과, ⑤ 논의 등으로 구성된다. 그에 더해서 참고문헌과 필요시 부록을 첨부한다. 각 부분에 대한 상세한 설명은 다음 장들에서 제시될 것이다.

3) 심사본 수정은 어떤 과정을 거칠까

심사본을 제출한 후 1~2주 내로 초심이 이루어지는데, 그 결과에 따라 총 세 번까지 심사가 가능하다. 초심에서 거론된 내용들이 제대로 수정되었는지를 재심에서 다시 검토하고, 재심에서 제기된 내용들이 충분히 수정되었는지를 삼심에서 다시 검토하는 것이다.

  심사 시에 심사위원들의 허락을 얻어서 심사 내용을 녹음 해 두면 수정 시에 놓치는 부분이 없어서 좋다. 초심 후 및 재심 후에는 심사에서 받은 피드백에 관해서 정리하여 지도교수와 의논한 후 수정 방향을 설정하고, 피드백을 꼼꼼히 고려하여 수정작업을 하여야 한다. 연구자 본인 수준에서 수정이 완결되었다고 판단되면 수정 내용에 대해 다시 지도교수에게 검토를 받은 후, 수정본과 논문수정사항요약표를 함께 심사위원 모두에게 제출한다.

  수정본에는 수정된 부분을 줄을 긋거나 빨간색이나 파란색 등으로 수정된 부분이 눈에 잘 띄도록 표시함으로써, 심사위원들이 수정된 부분을 쉽게 파악할 수 있도록 한다. 또한 논문수정사항요약표를 따로 준비하여 심사위원들이 수정본과 비교해 볼 수 있도록 해야 한다. 논문수정사항요약표에는 논문계획서의 피드백 내용을 정리할 때처럼 논문의 각 부분별로, 또 심사위원별로, 해당 페이지와 줄을 명기하고, 수정 전 내용과 수정 후 내용이 비교될 수 있도록 일목요연하게 정리되어 있어야 한다.

예 3

논문수정사항요약표 예시

〈심사위원 A〉

	수정 전 페이지 및 줄	피드백 내용	수정 사항	수정 후 페이지 및 줄 (수정하지 않았다면 그 이유)
제목 및 국문초록				
서론				
이론적 배경				
연구방법				
결과 및 해석				
논의				
참고문헌				
부록				
기타				

초심을 위한 심사본의 준비가 너무 미흡하거나 연구의 전반적 과정에 문제가 있어서 한 달 여의 심사 기간 동안에 수정할 수 없을 정도라고 심사위원들이 판단하면, 다음 학기에 심사본을 다시 제출할 것을 권고할 수도 있다. 혹은 초심이나 재심에서 제기된 내용들에 대한 수정이 제대로 이루어지지 않았다고 판단되면 더 이상 심사가 반복되지 않고 다음 학기에 심사를 다시 받도록 권고하기도 한다. 최종심사인 삼심 결과 논문이 통과되면, 심사위원들의 인준과 함께 논문 인쇄가 이루어진다.

4　지도교수의 역할과 연구자의 자세

대학원 입학 후 한두 학기가 지나기 전에 지도교수가 정해진다. 대학원에서 지도교수의 역할 중에 가장 중요한 것이 논문의 계획과 완성을 지도하는 것이다. 여기에서는 지도교수의 역할 중 논문 작성과 관련하여 기대하기에 적절한 것은 무엇이며, 또 연구자에게 필요한 자세는 무엇인지 대해서 알아본다.

1) "지도교수님이 논문 제목을 정해 주시지요?"

아니다. 논문주제도 연구자가 정하고 논문 진행도 연구자가 하는 것이다. 지도교수는 연구자가 연구를 제대로 진행하도록 말 그대로 '지도'해 주는 사람이다. 연구자가 관심 있는 분야에서 주제를 찾고, 그 주제를 가장 적합한 방법으로 진행할 수 있도록 조언해 주는 사람이 지도교수다.

자기 논문에 관한 한 연구자는 가장 전문가가 되어야 하며, 혼자서 논문의 전체 과정을 완수하여야 한다. 지도교수는 연구자가 스스로 주제를 정하고, 연구를 진행하고, 논문을 완성하는 과정에 필요한 논문주제 및 연구방법에 관련된 풍부한 배경 지식을 활용하여 코칭해 주는 것이지 절대 논문 진행을 대신 해 주지는 않는다.

만약 일일이 지도교수에게 의지하여 논문을 작성한다면 그 논문은 자신의 것이라고 할 수 없고, 추후에 다른 논문을 쓰려고 할 때도 마치 처음 써 본 사람처럼 어디서부터 어떻게 진행해야 할지 몰라 당황스러울 것이다. 심지어 논문 전체 과정을 직접 진행하고 완성한 연구자들도 논문 한 편을 다 완성하고 최종인쇄본을 제출할 때가 되어서야 "이제 논문을 어떻게 쓰는지 좀 알 거 같아요." "다시 한번 쓰면 좀 더 잘 쓸 거 같아요."라고 이야기하는 경우가 많기 때문이다.

Q & A

'지도교수가 관심 있는 분야에서 주제를 찾아야 잘 지도해 주지 않을까?'

아니다. 지도교수가 어느 연구주제에 관심이 있고 없고는 전혀 관계없다. 오히려 지도교수는 연구자가 관심 있는 주제를 찾고 적절한 연구방법을 적용하여 논문을 완성시키는 전 과정이 제대로 이루어지도록 조언하고 돕는 것이다.

'일단 제목부터 지도교수에게 말하고, 지도교수가 OK하면 선행연구들을 찾아봐야지.'

　잠정적 연구주제를 한 줄짜리 제목으로 만들어서 지도교수에게 제시한 후에 "교수님, 이런 주제로 논문을 써도 될까요?"라고 물어보는 대학원생들이 있다. 선행연구를 찾고 연구 필요성을 쓰는 번거로움을 여러 번 반복하지 않고 한 번에 알맞은 주제를 선정하겠다는 심산에서인지, 혹은 논문의 모든 세세한 과정을 지도교수에게 허락받고 진행하겠다는 의도에서인지 의문이지만, 그럴 때 지도교수의 반응은 대체로 "일단 선행연구들 탐색해 보세요."와 "연구 필요성을 설득해 보세요."다. 그 주제로 논문을 쓰면 좋겠다거나 아니라는 대답은 주지 않는다는 말이다.

　지도교수가 'Yes/No'로 대답하지 않는 이유는 여러 가지지만, 가장 주된 이유는 논문은 연구자 스스로 주제 선정부터 모든 과정을 진행하는 것이라는 점이다. 선행연구들을 탐색하다 보면 연구자가 생각했던 주제를 이미 다른 사람이 연구해 놓은 경우들도 만나게 되고, 관련된 기존연구들을 읽어 보면서 그 주제에 대한 생각이 발전하기도 하고, 우수한 논문과 덜 우수한 논문에 대한 안목이 생기기 때문이기도 하다. 연구 필요성을 말이나 글로 설득하려고 애쓰다 보면 연구자의 생각도 정리되고, 설득력을 높이기 위해 어떤 근거를 찾아 제시해야 할지도 분명해지기 때문이기도 하다.

2) 지도교수의 도움은 얼마나 기대하는 것이 적절할까

　한편으론 논문의 전 과정은 연구자가 자율적·독립적으로 진행하는 것이지만, 한편으로는 지도교수의 승인과 도움을 받아야 하는 것이기도 하다. 그러니 '자율'과 '의존'을 양극단으로 하는 연속선상에서 적절한 지점을 찾아야 한다. 대체적으로 논문과 관련한 중요한 결정은 지도교수와 미리 의논하되, 세부적 진행은 연구자 스스로 해내도록 하는 것이 좋다.

같은 지도교수의 지도를 받는 대학원생들과 함께 받는 집단지도, 연구자 개인별로 받는 지도, 교수 연구실에서 직접 만나서 받는 지도, 이메일이나 영상통화를 통한 지도 등 다양한 경로로 이루어질 수 있으므로 지도 의뢰를 어떤 경로로 해야 할지 몰라 도움을 요청하기를 주저하거나 고민할 필요는 없다.

중요한 것은 지도교수가 먼저 '지도받으러 오라.' '논문계획서 보내라.' '지금 연구가 얼마나 진척되어 가나?' 등의 연락을 하도록 기다리지는 말아야 한다는 점이다. 연구를 진행하는 것이 연구자의 책임인 만큼, 지도교수의 지도를 요청하는 것도 연구자의 몫이라는 것을 잊지 말자.

지도교수의 지도는 크게 세 부분으로 이루어진다고 볼 수 있다. 논문계획서 준비를 위한 지도, 논문계획서 수정 및 연구진행 과정에서의 지도, 논문심사본 작성과 심사 후 수정과정에서의 지도 등이다.

(1) 논문계획서 준비를 위한 지도

논문계획서를 발표해야 하는 시점으로부터 적어도 1개월 정도 이전부터는 지도교수에게 집단지도 또는 개인지도를 받기 시작해야 한다. 특히 논문계획서를 시작하는 단계에서는 연구자가 지도받을 구체적 내용을 아직 정하지 못해서 '좀 더 뭔가 잡히면 지도받겠다고 연락해야지.' 하면서 자꾸 미루게 되기 쉽다. 이럴 때는 오히려 일단 지도교수와 집단지도 또는 개인지도를 위한 만남 시간을 먼저 정하는 것이 효과적이다. 지도교수와 만날 시간을 정했으니 그냥 가서 '아직 준비 못 했어요.' 할 수는 없으므로 지도받을 내용을 준비하게 되는 것이다. 그렇게 지도가 시작되고 계획서 발표 이전까지 적어도 서너 번의 지도 및 수정 과정을 거쳐야 한다.

(2) 논문계획서 수정 및 연구진행 과정에서의 지도

논문계획서 발표 후 피드백 내용을 연구자가 정리한 후 지도교수와 연구의 방향을 결정하고 연구를 진행하기로 하였다면, 이제 계획된 연구방법과 절차에 따라서 연구를 진행한다. 그 과정에서 중요한 결정이 이루어져야 할 때마다 연구자는 지도교수에게 상의하고 조언을 구함으로써, 연구가 적절한 방향으로 진행될 수 있도록 한다. 이 과정에서는 정기적인 지도를 받기보다는 연구의 성격과 상황에 따라서 지도받는 횟수를 조절하면 된다.

(3) 논문심사본 작성과 심사 후 수정과정에서의 지도

계획된 방법과 절차에 따라 자료를 수집하고 처리한 후에는 연구결과와 논의 부분을 작성하여 논문을 완성하게 된다. 논문계획서 작성 시에 지도교수를 자주 만나서 지도를 받은 것처럼, 이때도 집중적인 집단지도 또는 개인지도가 필요하므로 지도교수에게 연구자가 정기적인 지도를 요청하는 적극성을 가져야 한다. 논문심사본 작성 시뿐만 아니라 여러 번의 심사와 수정과정에서도 마찬가지다.

Q & A

'지도교수에게 자꾸 찾아가면 귀찮게 하는 것 아닐까?'

바쁜 지도교수 귀찮아 할까 봐 그냥 혼자 알아서 논문을 진행하려는 대학원생들도 많다. 그러나 논문의 중요한 단계마다 조언과 지도를 하는 것은 지도교수의 역할이며, 그러한 지도와 승인 없이 논문을 진행하다 보면 한참 후에야 실수를 발견하게 되어 연구자의 노력이 헛수고가 되는 경우까지 생길 수 있다.

"일부 수정한 것 일단 보냅니다. 좀 더 수정한 후에 또 보낼게요."

그러나 지도교수에게 지나치게 의존하는 것도 삼가도록 하자. 지도교수가 논문계획서나 논문의 어떤 부분을 어떤 방식으로 수정하는 것이 좋겠다고 조언하였을 때 그 조언의 내용을 충분히 이해하지 못했다면 지도교수에게 추가 질문을 하는 것은 좋은 태도다. 그러나 조언을 충분히 반영하였다고 할 만큼 연구자가 노력을 다하지 않은 채로 '일단 이렇게 하고 있으니 한번 봐 주세요.'라는 식으로 내미는 것은 바람직하지 않다.

"설문지 구해서 검토했더니 신뢰도와 타당도도 적절하고 연구대상 아동들의 연령에도 적합한 걸로 되어 있습니다. 그런데 문항을 살펴봤더니 몇 문항은 다소 수정이 필요한 것 같아서 이러이러하게 수정하려고 합니다."라며 설문지 원본과 잠정적 수정 내용을 가지고 오면 지도교수가 흔쾌히 지도해 주고 싶어진다. 그러나 "설문지 구했어요. 이대로 써도 될지 한번 봐 주세요."하면 너무 의존적이라고 보아야 한다.

"서투르고 엉성한 데가 많지만, 지도교수가 고쳐 주지 않을까?"

아이들 가르치랴 대학원 수업 들으랴 바쁜 생활 속에서 논문계획서나 논문심사본을 작성하다 보면 시간에 쫓기는 것이 보통이다. 또 논문이란 생소한 글 양식을 쓰다 보면 서투르기 마련이다. 그럼에도 불구하고 지도교수들은 연구자가 지도받기 이전에 나름대로 최선을 다하기를 기대한다. 다시 말해, 연구자가 자신이 쓴 글을 스스로 점검도 해 보지 않은 채 교수에게 보냈다는 느낌이 들만큼 지나치게 무성의해 보여서는 곤란하다. 예컨대 지도교수가 친절하게 수정의 예를 구체적으로 들고 그처럼 다른 부분도 수정하라고 조언하였는데, 나중에 수정된 내용을 다시 보낸 것을 보니 지도교수가 예시해 준 것만 옮겨 적고 나머지는 그대로 두었다면 지도교수는 더 이상 세심하게 지도하고 싶은 마음이 사라진다.

제2장 **논문 시작하기**

연구주제의 선정은 연구를 시작하는 단계에서 가장 먼저 이루어지는 일이다. 연구주제를 선정하기 위해 연구자는 선행연구를 탐색하게 되는데, 이를 통해 관심 있는 주제 영역에 관한 지식을 쌓고, 연구자가 생각하는 주제가 이미 기존의 연구에서 다루어진 주제인지, 노력을 들여 탐색해 볼 만한 의미 있는 주제인지를 파악할 수 있다. 연구주제가 결정되면 거기에 맞는 적절한 연구방법을 선택한다. 연구의 주제 및 방법을 결정할 때에는 주제와 방법이 연구윤리에 위반되지는 않는지 등을 검토하고 결정하는 것이 바람직하다. 이 장에서는 연구주제의 선정, 연구주제를 선정하는 과정에서 선행연구의 탐색과 정리 방법, 연구방법의 탐색과 결정, 연구자가 고려해야 하는 연구윤리 등이 다루어진다.

1 연구주제 정하기

연구주제의 설정은 연구를 진행하는 전체 과정 중 가장 먼저 이루어진다. 연구주제가 정해짐에 따라 연구방법 등의 다른 과정이 연계되어 결정되므로 전체 연구과정 중 가장 중요하다고 볼 수 있다. 연구주제를 설정하는 과정은 간략하게 다음과 같다.

먼저, 연구주제를 정하기 위해 자신의 관심 영역을 확인하고, 그 영역의 선행연구를 리뷰한다. 선행연구를 리뷰하면서 자신이 초기에 가졌던 질문을 구체화하고, 자신이 가졌던 연구문제를 '변인'를 이용해 구체화할 수 있다.

선행연구의 탐색과 연구문제의 설정과정은 다음과 같은 순으로 순환적으로 이루어질 수 있다.

연구자의 초기 관심사와 질문 ⇒ 선행연구의 탐색 ⇒ 질문의 변화 혹은 구체화 ⇒ 초점을 줄여 관련 선행연구를 탐색 ⇒ 초기 질문을 관련된 변인을 이용한 연구문제로 바꾸기 ⇒ 선정한 변인에 관한 선행연구 탐색

이 절에서는 연구주제는 어떤 과정을 거쳐 정하게 되는지, 석사 논문에서 적절한 연구의 범위는 어느 정도인지, 좋은 연구주제는 어떤 특성을 가지는지 등의 주제가 다루어진다.

1) 연구주제를 정하기 위한 탐색 과정

연구의 주제는 전공 영역 중 평소 자신이 관심 있던 분야에서 궁금해 하던 질문에서 출발해서 구체화하는 것이 좋다. 관심 분야의 선행연구들을 읽고 자신의 초기 질문을 연구해 볼 만할 질문으로 바꾸어 주는 작업이 이 과정에서 이루어진다.

■ 관심 영역 확인하기

연구의 주제를 정하기 위해서는 먼저 자신이 평소에 관심과 호기심이 있던 영역이 무엇인지 생각해 본다. 관심 영역은 평소 학교에서 학생들을 가르치면서 느꼈던 궁금함, 상담을 하면서 경험했던 호기심과 질문들, 대학원 수업을 들으면서 특히 관심이 생겼던 영역 등에서 출발해 좀 더 구체화한다.

"왜 어떤 아이는 자신이 속한 집단에서는 리더 역할을 하면서 잘 지내는데, 동시에 학급의 다른 아이를 따돌림하는 것일까?" "학교상담을 효과적으로 진행하기 위해 상담자에게 필요한 역량은 무엇일까?"와 같은 질문들이 좋은 주제의 출발점이 될 수 있다.

대학원에서 특히 재미있고 관심이 있었던 수업이 있었다면 그 수업의 내용에서 출발해 주제를 찾아 나갈 수도 있다. "Bowen의 이론에서는 자기분화가 중요하고 어머니의 자기분화 수준이 높을 때 어머니-자녀 관계가 원만하게 유지된다고 한다. 그렇다면 어머니의 자기분화는 자녀 발달 중 다른 영역에도 영향을 주게 될까?"와 같은 질문이 이론에서 출발해 관심을 실제 영역으로 넓혀 나가는 것이다.

연구의 초기에 연구자는 하나의 영역보다는 두세 가지 영역에 관심이 있을 수 있다. 예를 들어, 앞에서 예를 든 세 가지 주제 모두가 연구자의 초기 관심 분야일 수 있다. 이런 경우에는 보다 관심 있는 주제부터 시작해서 관련 선행연구를 찾아 읽으면서 자신이 좀 더 흥미를 느끼는 주제를 찾아나간다.

간혹 대학원생들 중에는 자신이 더 알고 싶은 주제보다 논문을 쓰기 쉬울 것 같은 주제를 잡으려고 하는 경우가 있는데 이는 바람직하지 않다. 논문은 연구주제의 선정에서부터 연구방법의 선택, 자료 수집, 결과 정리의 전 과정에 걸쳐 연구자의 노력과 주의가 요구된다. 연구를 일단 시작하면 쉬운 주제는 없으며, 초기에 연구자가 알고 싶었던 주제가 아니라면 연구에 수행되는 노력을 지속하기가 어려워진다. 따라서 연구자의 관심 영역에서 주제를 선정해야만 연구의 전 과정을 비교적 흥미롭게 진행하면서 자신의 연구결과에서 보람과 기쁨을 느낄 수 있다.

■ 관심 영역의 선행연구 리뷰를 통해 지식 기반 확장하기

연구를 수행하기 위해서는 관심 있는 영역에 대한 지식이 전제되어야 한다. 관심 있는 주제를 다루는 책, 학술지의 출판 논문, 학위논문 등을 읽고 그 영역에서 어떤 연구들이 주로 이루어지고 있고, 최근에 이루어지는 연구들의 흐름은 어떠한지를 파악한다. 선행연구들에 대한 지식은 중복연구를 막고, 현재 상황에서 가장 필요하며 도움이 되는 연구주제가 무엇인지를 파악하도록 해 준다. 선행연구의 탐색 과정과 방식은 '2) 석사논문에서 적절한 연구의 범위'에서 자세히 다루어진다.

■ 연구주제 정하기: 좋은 연구주제란?

석사논문뿐만 아니라 일반적인 연구에서 좋은 주제란 크게 〈표 2-1〉과 같은 특성을 가진다고 볼 수 있다. 좋은 연구주제의 특성을 자세히 살펴보면 다음과 같다.

〈표 2-1〉좋은 연구주제의 특성

```
                        좋은 연구주제란?
  ① 연구의 결과가 상담의 이론 및 실제에 도움이 되는 주제
  ② 전공 분야에서 발생하는 새로운 현상을 탐색하는 주제
  ③ 선행연구에서 다루어지지 않았던 주제
  ④ 기존의 연구결과를 확장하거나 명료화하는 주제
  ⑤ 주어진 연구기간 내에 수행할 수 있는 주제
```

(1) 연구의 결과가 상담의 이론 및 실제에 도움이 되는 주제

좋은 연구는 그 결과가 전공 분야의 이론 및 실제에 기여하는 연구다. 예를 들어, 인지상담이 내담자의 긍정적인 생각의 부재와 부정적인 생각의 교정 중 어느 부분을 바꾸는 데 도움이 되는지를 탐색한 연구가 있다고 하자. 연구자가 우울한 아동들을 대상으로 이들의 상담 초기 긍정적인 생각과 부정적인 생각을 탐색하고, 상담 결과 긍정적인 생각이 늘어났지만 부정적인 생각의 빈도가 줄어들지는 않았다고 가정하자. 이 연구의 결과는 인지상담의 효과에 대한 이론적인 논의를 확장하면서 이와 동시에 인지상담을 적용한 상담의 실제에도 도움이 되는 연구라고 볼 수 있다.

(2) 전공분야에서 새롭게 발생하는 현상을 탐색하는 주제

학교상담을 주제로 한다면 아동의 적응이나 문제행동과 관련해 새로운 현상으로 대두되는 문제를 연구주제로 삼아 이해와 개입의 폭을 넓힐 수 있다. 학교상담에서 최근에 많이 연구되는 주제

로는 집단괴롭힘이나 다문화 상담 관련 주제를 들 수 있다. 사회
의 변화에 따라 집단괴롭힘이나 다문화 배경 학생의 학교적응 등
이 문제로 대두되면서 이러한 현상의 이해와 상담적 개입방법의
탐색이 중요한 이슈가 된 것이다. 이처럼 학교상담 분야에서 새롭
게 발생하는 문제들에 대한 탐색은 좋은 주제가 된다.

(3) 선행연구에서 다루어지지 않았던 주제

이미 기존의 연구에서 탐색하여 결과를 제시한 주제를 다시 탐
색하기보다는 아직 모르는 현상을 탐색하는 것이 바람직하다. 그
런데 선행연구에서 다루지 않은 주제라고 해서 모두 좋은 주제인
것은 아니다. 선행연구에서 다루지 않은 주제 중에는 그 주제의
탐색이 상담의 이론과 실제에 그다지 도움이 되지 않는다고 판단
해서 연구되지 않은 주제들도 있다. 따라서 선행연구가 없다는 사
실 하나만으로는 연구를 진행하는 충분한 이유가 될 수 없다.

(4) 기존의 연구결과를 확장하거나 명료화하는 주제

많은 석사논문은 선행연구의 결과를 기반으로 하여 이를 조금
더 확장하는 방식으로 연구가 이루어진다. 아무런 연구가 되어 있
지 않은 분야에서 연구자가 검사지 개발, 중요한 변인의 선정 등
모든 과정을 거쳐야 한다면 매우 오랜 시간이 소요될 것이다. 따
라서 선행연구에서 다루어졌던 주제라고 하더라도, 기존의 연구
결과를 확장하거나 선행연구의 결과에서 모호했던 부분을 보다
명료화하는 주제의 연구를 진행할 수 있다. 이러한 연구주제의 예

가 예 1과 예 2에 제시되어 있다.

> ### 예 1
>
> 기존의 연구가 발달단계상 제한된 집단을 대상으로 했거나, 제한된 연구방법을 사용한 경우 등을 들 수 있다. 아동의 문제행동을 연구하는 데 아동의 자기보고식 질문지만을 사용해서 연구가 이루어졌다면 교사의 관찰을 이용한 아동의 문제행동 연구를 한다거나, 청소년들에게 나타난 현상이나 특징이 아동에게도 나타나는지를 연구하는 것도 좋은 주제라고 할 수 있다.

> ### 예 2
>
> 선행연구에서 부모와 아동이 참가하는 진로집단상담 프로그램이 아동만 참가한 진로집단상담 프로그램보다 아동에게 효과가 있는 것으로 나타났다고 하자. 그렇다면 후속연구에서는 부모와 아동이 함께 참가했을 때 부모의 행동 중 어떤 부분이 변화했는지, 이러한 부모의 행동변화가 프로그램에 참가한 아동에게서 나타난 효과와도 관련되는지를 탐색함으로써 선행연구의 결과를 확장할 수 있다.

(5) 주어진 연구기간 내에 수행할 수 있는 주제

석사논문은 보통 두 학기에서 세 학기에 걸쳐 전 과정이 이루어진다. 이 기간 동안 연구주제의 탐색과 설정, 연구방법의 탐색과 결정, 자료 수집과 분석, 결과의 정리와 논의 등을 마무리해야 한다. 따라서 아무리 좋은 주제라고 하더라도 2~3년에 걸쳐 자료 수집과 분석을 해야 마무리할 수 있다면 석사논문으로는 적절하지 않다고 할 수 있다.

2) 석사논문에서 적절한 연구의 범위

상담 분야의 국내 석사논문에서 다루어지는 연구주제들은 대체로 다음과 같다.

첫째, 아동과 청소년, 부모, 교사, 상담자의 특성 및 주요 문제 등을 이해하기 위해 변인들 간의 관계를 탐색하는 연구이다. 연구하고 싶은 주요 변인들을 결정하고, 이 변인들을 측정하기 위해 기존에 개발된 검사도구를 이용한다. 검사의 개발은 개발과정에 대한 지식, 시간, 노력을 많이 요하는 과정이므로 석사논문에서는 많이 이루어지지 않는다. 개발된 검사를 사용할 때 아동의 발달 특성에 맞게 일부 문항이나 표현을 수정하고 타당화하는 과정을 거치기도 한다.

둘째, 이론을 검증하는 연구이다. 상담의 많은 이론은 서구에서 개발되어 우리나라에 적용되고 있다. 따라서 특정한 상담이론의 문화적 적합성, 이론에서 제시하는 가설의 검증 등이 이루어질 수 있다.

셋째, 특정한 집단을 대상으로 집단상담 프로그램을 실시하고 그 효과를 검증하는 연구이다. 집단상담 프로그램의 개발이 이루어지기도 하고, 기존에 타당성이 검증된 집단상담 프로그램을 연구의 대상에 맞게 수정해서 이용하기도 한다. 이러한 연구에서는 연구자가 집단상담 프로그램을 개발 혹은 수정, 연구대상자 선정, 집단상담 프로그램의 실시까지의 전 과정을 진행하게 된다.

넷째, 새롭게 나타난 현상을 탐색하기 위한 연구이다. 이를 위해 질문지를 사용하기도 하고, 특정 집단을 인터뷰하거나 특정한 상황들을 녹화한 자료를 질적 분석하는 연구들도 있다. 예를 들어, 다문화 가정의 아동이나 부모의 경험을 인터뷰하거나, 학교상담 과정을 녹화해서 중요한 순간을 분석하는 연구 등을 들 수 있다. 이후에 인터뷰 자료나 녹화 자료 등을 질적 연구의 방법에 따라 분석하는 과정을 거친다.

다섯째, 메타분석이 다루어지기도 한다. 메타분석은 한 분야의 연구가 어느 정도 축적되었을 때, 연구의 결과들을 종합적으로 평가하는 연구이다. 예를 들어, 초등학교에서 인지행동상담을 적용하는 것이 아동의 자기주장능력을 키우는 데 도움이 되는지를 탐색한 연구가 충분히 수행되었다면, 이러한 결과를 종합해 인지행동상담이 아동의 자기주장능력에 미치는 영향의 정도를 평가할 수 있다.

이에 반해서, 박사 논문에서는 검사도구의 개발, 좀 더 다양한 변인들의 관계 연구, 새로운 실험 디자인의 설계에 따른 연구, 연구방법론이 잘 정립된 질적 연구, 상담프로그램의 개발 및 효과성 연구, 비교적 새로운 상담기법의 효과 연구 등이 이루어지고 있으며, 기간도 좀 더 오래 소요된다.

2 연구주제를 정하는 과정에서 선행연구의 탐색

연구주제를 결정하는 과정에서는 필수적으로 선행연구를 탐색

하게 되고, 선행연구에 따라 연구 주제와 방법이 구체화된다. 선
행연구 탐색의 필요성과 방법, 선행연구를 읽고 난 후 결과를 정리
하는 방법, 선행연구와 차별화하여 주제 정하기가 여기에서 다루
어진다.

1) 선행연구 탐색의 필요성

선행연구를 탐색하는 일차적인 이유는 관심 분야에 대한 지식
을 얻고, 지금까지의 연구결과 밝혀진 부분과 아직 밝혀지지 않은
부분에 대한 정보를 얻기 위해서다. 예 3에 이러한 예가 제시되
었다.

예 3

학교에서 공격적인 행동을 보이는 3학년 남학생을 보면서 공격성에
관한 주제에 관심을 갖게 되었다고 하자. 공격성과 관련된 선행연구를
리뷰하면서 공격성의 원인, 공격적인 아동의 특성 등에 대해 이미 많은
연구가 이루어져 있음을 알 수 있다. 선행연구의 탐색을 통해 관심 분야
에서 중복연구를 피하고, 기존의 연구결과를 토대로 한 단계 더 깊어지
는 연구를 진행할 수 있다.

이처럼 선행연구의 탐색을 통해 상담현장이나 학교현장에서 일
어나는 현상을 보면서 가졌던 연구문제가 이론적으로 어떻게 개
념화될 수 있는지를 알 수 있다. 즉, 어떤 '변인'을 통해 실제 현상
이 연구되고 있는지를 확인할 수 있다. 학위논문에서 특정한 연구
주제를 다루기 위해서는 이와 관련한 이론적인 뒷받침이 있어야

한다. 연구자 개인의 생각이나 가정이 상담의 이론과 기존 연구의 흐름에 비추어 연계성과 타당성이 있다고 판단될 때 연구가 수행될 수 있다.

예 4

예 3의 공격적인 아동의 예에서 평소에 연구자가 이 학생은 다른 학생에 비해 '부정적인 생각을 자주 한다.'라고 관찰했으며, 이러한 특성이 공격적인 행동과 관련되는지 궁금했다고 하자. 공격성에 대한 선행연구를 통해 공격적인 아동이 중립적인 자극을 부정적으로 해석하고, 이러한 부정적인 해석이 공격적인 행동과 연결될 수 있음을 알 수 있다. 또한 부정적 해석-공격적 행동과의 연결은 상담의 이론 중 인지행동상담의 관점임을 알고, 이 관점에서 연구를 진행할 수 있다.

선행연구의 탐색은 연구를 수행하기 위한 적절한 방법을 확인하는 데에도 도움이 된다. 선행연구에서 유사한 연구문제를 다루는 방식을 확인하고, 비슷한 문제에 대해서 어떤 연구설계와 연구도구, 자료 분석을 수행하는 것이 필요한지 알 수 있다. 또한 특정한 주제에 대해서 선행연구에서 유사한 방식을 통해서만 연구가 진행되었다면, 같은 연구문제라도 필요하다고 판단되는 다른 방법을 통해서 연구를 수행할 수도 있다.

마지막으로, 선행연구를 통해 연구에 필요한 검사도구가 있는지를 확인할 수 있다. 적절한 연구문제라고 하더라도 사용할 수 있는 검사도구가 없으면 연구의 수행이 불가능하거나 검사 개발을 위한 시간이 오래 소요된다. 따라서 선행연구를 탐색하고 타당화가 이루어진 연구도구가 있는지를 확인하는 것이 필수적이다.

2) 선행연구의 탐색 방법

선행연구는 주로 관련 분야의 책, 학술지에 게재된 논문, 학위논문 등을 통해 탐색이 이루어진다. 예전에는 모두 인쇄매체를 이용해 자료를 찾아야 해서 그 자료가 소장된 장소에 직접 가서 열람하거나 복사를 해야 했지만, 최근에는 대부분의 자료가 전자자료로 이용이 가능하기 때문에 훨씬 편리해졌다.

선행연구를 탐색하기 위해서는 소속 학교 도서관의 소장자료(인쇄자료와 전자자료 포함)와 구글학술검색 등 온라인자료를 이용한다. 쉽게 접근 가능한 사이트를 이용해 관심 있는 주제어를 검색하면 관련된 논문들이 검색되는데, 검색된 자료의 제목과 요약문을 읽으면서 내용을 확인한다.

검색된 자료 중 학술진흥재단 등재후보지 이상의 학술지에 게재된 논문, 박사학위 논문, 비교적 최근 발표된 논문 등을 우선 확인하고 탐색의 범위를 확장하는 것이 도움이 된다. 관심 있는 주제와 유사한 내용을 담고 있으면 원문을 내려 받아 전체를 읽어 볼 수 있다.

내려받은 논문을 읽다 보면 그중에서 자신의 주제와 밀접하게 관련되어서 도움이 되는 논문들이 있는데, 이러한 논문들은 따로 모아서 읽고 정리해 둔다. 논문을 읽는 중에 특정한 연구결과나 검사도구에 관심이 있다면, 그 논문에서 인용하고 있는 원자료를 직접 찾아 확인하는 과정이 필요하다. 이런 경우에는 논문의 참고문헌을 이용해 원자료를 확인하고, 원자료를 찾아 본문을 직접 읽어 보는 방식으로 선행연구 탐색을 확장한다. 경인교육대학교의 자료 검색 방법이 예 5, 6, 7에 제시되었다. 경인교육대학교의 도서관을 이용해 자료를 검색하는 과정이 [그림 2-1]에도 단계별로 제시되었다.

예 5

경인교육대학교의 경우 도서관의 소장자료 검색을 이용하면, 인쇄본이나 전자자료로 소장하고 있는 단행본, 학위논문, 학술저널 등을 함께 검색할 수 있어 편리하다. 그런데 소장자료 검색에서는 학술저널의 경우 저널명을 통해 검색이 되므로, 주어진 저널에 실린 특정한 논문이 있는지를 직접 검색하지는 못한다. 따라서 원하는 책의 제목을 알거나, 읽고 싶은 논문이 실린 저널명을 알고 있으면 책 제목이나 저널명을 검색해서 논문을 찾아볼 수 있다.

예 6

선행연구를 탐색하는 초기단계에는 특정한 논문을 찾기보다는 자신이 관심 있는 주제에 대하여 어떤 연구들이 출판되었는지를 중심으로 검색한다. 경인교육대학교의 경우에는 도서관 → 전자정보 → 학술 DB → 원하는 DB를 방문하여 주제어를 통한 검색을 할 수 있다. 국내 논문들을 검색하고 싶다면 Riss, DBpia, Kiss 등 국내 학술지에 실린 논문들을 제공하는 검색 DB를 이용해 주제어를 통한 검색을 할 수 있다. 경인교육대학교 도서관처럼 RISS를 국내 DB가 아니라 도서관 하단의 관련 기관 링크메뉴로 제공하는 경우도 있으니 소속 기관의 도서관 DB 제시 방식을 확인하여 활용한다.

해외논문을 검색하는 경우에는 상담의 경우 EBSCOhost, Proquest 등의 학술 DB를 이용해 검색할 수 있다. '아동의 공감'에 관한 논문을 찾고 싶다면 '아동'과 '공감'을 주요어로 넣어 검색해 보면 된다. 이때 검색된 논문의 수가 너무 많으면 '결과 내 검색' 기능을 이용해 검색되는 논문의 수를 줄인 후, 자신의 관심사와 가장 가까운 논문부터 찾아보는 것이 좋다.

때때로 주제어를 통해 논문을 검색했을 때, 검색되는 논문이 없거나 검색은 되지만 1~2편에 그치는 경우가 있다. 이는 그 주제에 대해서 연구가 거의 이루어지지 않아서일 수도 있지만, 기존연구에서 유사한 다른 용어를 주요어로 설정해 놓았기 때문일 수도 있다. 따라서 검색 결과가 너무 적을 때에는 유사한 다른 변인을 주제어로 넣어 검색 작업을 반복해 본다.

예 7

다른 대학의 학위논문의 경우 본인이 속한 대학의 도서관에서 원문보기가 안 된다면, 다른 대학의 도서관 홈페이지를 직접 방문해 학위논문을 검색해 볼 수 있다. 많은 대학이 그 학교의 학위논문에 대한 무료 열람 또는 내려받기 서비스를 제공하고 있다.

〈도서관 홈페이지를 이용한 자료 검색 과정〉

① ID와 password를 이용해 로그인하기

② 메뉴의 전자정보 중 '학술 DB'를 이용해 관련 논문을 게재하는 데
이터베이스로 들어가기(학술 DB를 클릭하면 나타나는 페이지)-
국내 DB의 예

③ 국내 DB 중 한국교육학술정보원의 RISS로 들어가 검색하는 화면

④ RISS에서 '아동'과 '공감'을 주요어로 검색한 결과(전체 3258편 검색됨)

⑤ 국외 DB 중 EBSCOhost를 이용해 'child'와 'empathy'를 주요어로
포함하는 자료를 검색하는 화면

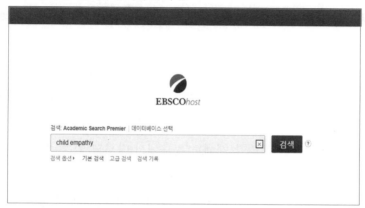

⑥ 국외 DB 중 EBSCOhost를 이용해 'child'와 'empathy'를 주요어로
포함하는 논문을 검색한 결과 화면(전체 520편 검색)

[그림 2-1] 경인교육대학교 도서관을 이용한 자료 검색 과정

3) 선행연구의 탐색 결과 정리하기

선행연구를 탐색하는 과정에서 자신이 읽은 모든 논문을 따로 정리할 필요는 없지만, 연구의 관심사가 좁혀져 나간다면 그 주제와 관련한 논문들을 따로 분류하고 중요한 결과는 정리해 두는 것이 도움이 된다. 선행연구의 결과를 정리할 때에는, 연구자의 관심사의 변화에 따라, 연구에서 다루고 있는 변인에 따라, 혹은 연구대상이나 방법론에 따라 관련 논문을 분류해서 정리할 수 있다. 개별적인 논문을 정리할 때에는 논문에서 다루고 있는 주제, 연구된 변인, 연구대상 및 사용한 질문지 등을 포함한 연구방법, 연구의 결과, 그 연구에 대한 연구자의 생각 등을 정리해 두면 도움이 된다. 이후에 논문의 본문을 작성할 때에는 이렇게 정리해 둔 선행연구의 결과들을 주제나 연구대상, 연구방법, 연구결과 등에 따라 연구자가 재조직해서 인용할 수 있다.

4) 선행연구와 차별화하여 주제 정하기

선행연구 탐색의 필요성에서 기술하였듯이, 선행연구의 탐색을 통해 연구자는 관련 분야에 대한 지식을 얻고, 최근 연구의 경향을 알 수 있으며, 관심 주제를 연구할 때 사용할 수 있는 연구방법 및 선행연구의 한계에 대해서 알게 된다. 이런 기반 위에 연구자는 선행연구와는 차별화되는 연구주제를 선정할 수 있다. 몇 가지 차별화된 연구주제는 다음과 같다.

■ **새로운 현상에 대한 연구**

선행연구에서 다루어지지 않았지만 새롭게 나타나는 중요한 현상이 있다면 이를 연구주제로 선정할 수 있다. 이러한 예는 예 8과 같다.

예 8

스마트폰이 보급되면서 스마트폰을 과도하게 사용하는 아동들이 늘어나고 있다. 인터넷 중독 등은 많이 연구되어 온 것에 비해 스마트폰 과다사용에 대해 연구된 바가 없다면 스마트폰 사용자의 특성, 주로 사용하는 용도, 과다사용의 행태 등에 대한 이해를 연구주제로 결정할 수 있다.

■ **선행연구의 결과를 더 확장하거나 정교화하는 연구**

선행연구에서 단편적으로 개별적인 변인들 간의 관계를 알아보는 연구가 진행되었다면 변인들 간의 관계를 좀 더 정교화하는 연구를 진행할 수 있다. 매개변인이나 조절변인에 관한 연구들도 이러한 연구에 포함된다. 이러한 예는 예 9에 제시되었다.

예 9

부모의 양육태도가 아동의 자아존중감과 관련된다는 연구와, 부모의 양육태도가 아동의 학교적응과도 관련된다는 연구가 각각 있다고 하자. 만약 연구자가 부모의 양육태도가 아동의 자아존중감, 학교적응과 관련되는지를 한 연구에서 살펴보겠다고 한다면 이는 의미 있는 연구가 될 수 없다. 새로운 연구는 기존의 연구결과에서 드러나지 않는 새로운 부분을 드러낼 수 있는 연구다. 이 연구가 연구주제로 의미를 가지려면 부모의 양육태도는 아동의 자아존중감을 높이는 데 영향을 주고, 자아존중감이 높을 때 학교적응에 도움이 된다는 등 세 변인 간의 관계 설정을 하고 새로운 관계를 분석해 낼 때 의미가 있다.

■ 새로운 집단을 대상으로 한 연구

선행연구가 제한된 집단을 대상으로 주로 이루어졌다면, 새로운 집단을 대상으로 하는 연구가 이루어질 수 있다. 그런데 이런 경우에 연구되지 않은 집단이라고 해서 무조건 새로운 연구의 대상이 될 수 있는 것은 아니다. 새로운 집단을 연구대상으로 할 때에는 이 집단이 기존의 연구대상들과 다른 특성들을 가지고 있으며, 따라서 기존의 연구결과를 특정 집단에 그대로 적용할 수 없다는 이론적인 근거가 제시될 수 있어야 한다.

■ 새로운 연구방법을 사용하는 연구

선행연구의 연구방법이 일어나는 현상을 객관적으로 평가하는 데 부족하다고 판단된다면 새로운 연구방법을 통해 같은 현상을 탐색할 수도 있다. 이러한 연구의 예는 예 10과 예 11에 제시되었다.

예 10

　선행연구에서 아동의 문제행동을 평정하는 데 아동의 자기평가만을 이용해서 평가했다고 하자. 아동의 문제행동은 본인이 평가하는 것보다 교사가 평가하는 것이 더 정확하다면, 새 연구에서는 교사의 평가를 통한 아동의 문제행동 정도를 측정함으로써 문제행동에 대한 새로운 연구를 시도할 수 있다.

예 11

　기존연구에서 상담자의 소진에서의 회복에 관련되는 변인들에 대한 양적 연구가 주로 이루어졌다고 하자. 그런데 실제 회복의 과정이 어떻게 이루어지는지 분명하지 않다면, 소진을 극복한 상담자들을 면접하고 회복과정을 분석하는 질적 연구를 수행할 수 있다.

3 연구목적별 연구모델

　연구의 목적은 크게 현상의 기술(description), 현상의 원인에 관한 설명(explanation), 예측(prediction), 개입(intervention)을 통한 변화 등으로 구분할 수 있다. 연구의 목적에 따라 연구자는 이에 맞는 연구모델을 결정해야 하는데, 연구모델은 크게 조사연구, 상관연구, 실험연구로 구분할 수 있다.

1) 조사연구

조사연구(survey)는 아직 탐색되지 않은 문제나 현상의 특성을 파악하기 위해 주로 실시된다. 조사연구에서는 연구자가 관심주제에 대한 질문지를 만들고, 관련인들에게 질문지에 대한 응답을 받는 방식으로 이루어진다. 조사연구는 새로운 현상이 생기는 초기에 그 현상을 기술하기 위해 이루어질 수도 있지만, 특정한 현상의 실태조사를 주기적으로 실시함으로써 그 현상의 변화추이를 탐색하기 위해 이루어질 수도 있다. 예를 들어, 전문상담교사의 역할에 대한 관련인들의 인식조사, 학교폭력의 실태에 대한 실태조사 등을 들 수 있다. 이때 전문상담교사의 역할에 대한 인식조사는 전문상담교사가 배치되는 정책의 초기에 집중적으로 이루어져 이들의 역할을 부여하는 데 활용될 수 있다면, 학교폭력실태조사 같은 경우는 매년 주기적으로 조사해 변화추이를 파악하고 개입의 기초로 삼을 수 있다.

2) 상관연구

상관연구(correlational design)에서는 개인이나 개인이 속한 환경과 관련된 변인들을 측정하여 변인들 간의 상관을 구하고, 상관관계를 통해 변인들 간의 관계를 설명하거나, 어떤 현상의 원인을 설명하거나, 특정한 행동을 예측하기도 한다. 상관관계에서 상관의 크기는 두 변인 간의 관계의 정도(strength)를 뜻한다. 연구에 따라 주어진 변인 간의 상관관계만을 구하기도 하고, 특정한 행동의 원인을 찾거나 그 행동을 예측하기 위해서 상관관계를 기초로

하는 보다 높은 수준의 통계분석을 하기도 한다. 회귀분석, 구조
방정식 모형 등은 모두 변인 간의 상관을 기초로 하는 분석방법들
이다. 상관연구에서 특정 행동에 대한 설명이나 예측은 기본적으
로 이론적인 배경에서 도출되는 것이어서, 통계적인 방법만으로
인과관계를 예측하는 것은 바람직하지 않다. 상관연구의 예는 예
12에 제시되었다.

예 12

학교폭력에 대한 조사연구에서 학교폭력의 피해자가 초등학교 고학년
의 10%에 해당한다고 하자. 연구자는 학교폭력의 피해를 입는 아동들이
공유하는 심리적인 특성이 있는지에 관심을 가질 수 있다. 연구자는 이
에 따라 학교폭력 피해자의 대인관계 기술, 자기주장 능력, 교사와의 관
계 등을 조사하고, 학교폭력의 피해 정도와 이러한 변인 간의 상관을 구
해 변인 간의 관계를 파악할 수 있다. 이때 상관의 결과를 인과관계로 해
석하여 대인관계 기술의 부족, 자기주장 능력의 결여, 친밀하지 않은 교
사-학생 관계가 학교폭력 피해의 원인이라고 단정하기는 어렵다. 상관
연구는 이러한 변인 간에 관계가 있다는 것이지 어떤 변인이 원인이 되
는지를 말해 주지는 않는다.

3) 실험연구

실험연구(experimental design)는 연구자가 관심 있는 변인들 간
의 인과관계를 밝히기 위해 실시하는 것이다. 실험연구에서는 변
화의 원인이 된다고 연구자가 가정하는 변인(독립변인)을 처치하
는 실험집단과 독립변인을 처치하지 않는 통제집단을 두고(이때
독립변인을 제외한 다른 변인들은 실험집단과 동일하게 처치됨), 처치

가 이루어진 후 두 집단의 종속변인을 측정하여 두 집단 간 종속변
인에서 차이가 나타나는지를 검증하는 방식으로 연구가 이루어진
다. 실험연구에서는 연구자가 인위적으로 실험집단에 대해서 독
립변인에 대한 처치를 가하기 때문에 처치 이후에 두 집단 간 종속
변인의 차이가 나타난다면 이는 독립변인의 영향으로 간주된다.
집단 간 종속변인의 차이는 통계적 방법에 의해 검증이 이루어진
다. 실험연구의 예가 예 13에 제시되었다.

예 13

인지행동상담이 우울한 아동의 우울증상을 감소시키는 데 효과가 있
는지 연구하고자 한다. 이 때 독립변인은 인지행동상담, 아동의 우울증
상은 종속변인이 된다. 연구자는 우울증상으로 인해 상담이 필요한 아동
을 두 집단으로 나눈 후, 한 집단에는 인지행동상담을 실시하고 다른 집
단에는 아무런 처치를 가하지 않는다(이런 경우에 보통 대기자 집단을
통제집단으로 설정하고, 실험이 끝난 이후에는 이 집단에도 적절한 상담
을 제공하는 방식으로 연구가 이루어진다). 몇 주간의 상담이 끝난 후 실
험집단의 우울증상이 통제집단에 비해 유의미하게 낮게 나타났다면 이
는 인지행동상담의 영향이라고 결론 내릴 수 있다.

4 양적 연구와 질적 연구

연구는 자료를 수집하는 방법과 수집된 자료의 특성, 분석방법,
결과가 제시되는 방식 등에 따라 양적 연구(quantitative research)
와 질적 연구(qualitative research)로 구분된다. 연구자는 연구문제

에 따라 어떤 방식의 연구를 수행할지 결정해야 하는데, 때로는 양적 연구와 질적 연구를 혼합하는 방식의 연구가 진행되기도 한다.

1) 양적 연구

양적 연구는 일어나는 현상을 측정한 후 수량화된 자료를 분석하여 그 결과를 수치로 제시하는 연구다. 양적 연구는 주로 일어나는 현상을 수치화해서 기술(description)하거나, 이론에 근거한 구체적인 가설이 있어서 가설을 검증하려는 목적을 갖는다. 양적 연구의 결과는 보통 SPSS 등의 통계프로그램을 이용해 통계분석을 거치게 되는데, 이를 위해 비교적 많은 수의 자료를 필요로 한다. 통계분석을 위해 필요한 자료의 숫자(즉, 연구참여자의 수)는 연구에서 채택하는 변인의 수에 따라 달라지는데, 변인이 많아질수록 많은 수의 자료가 수집되어야 통계분석이 원활하게 이루어질 수 있다.

2) 질적 연구

질적 연구는 일어나는 현상을 이해하기 위해 의미 있는 개인이나 소수의 집단을 대상으로 인터뷰, 관찰, 대화, 기록물 등을 통해 깊이 있는 자료들을 끌어내고, 이러한 자료의 의미를 분석하는 방식으로 이루어진다(Creswell, 2010). 질적 연구에서는 일어나는 객관적인 사건보다 사람들이 사건에 대해 부여하는 의미나 해석을 중요하게 다룬다. 질적 연구의 자료는 주로 개인면접이나 초점집단면접(focused group interview) 등을 통해 수집할 수 있으며, 연

구자는 면접의 결과로 얻어진 자료에서 패턴이나 주제들을 찾아
내는 방식으로 자료 분석을 할 수 있다. 질적 연구에도 크게 내러
티브 연구, 현상학적 연구, 근거이론 연구, 문화기술지 연구, 사례
연구 등 다양한 접근 방법이 있으므로, 연구자는 이러한 연구방법
에 대한 교육과 훈련을 거친 후 자신의 연구문제에 적합한 연구방
법을 찾아 적용하는 것이 필요하다.

3) 양적 연구와 질적 연구의 통합

연구의 주제에 따라서는 양적 연구방법과 질적 연구방법을 동
시에 적용해 연구를 진행할 수도 있다. 이런 방식은 각각의 방법
이 갖고 있는 단점을 보완하여 보다 풍부한 정보를 제공해 줄 수
있다. 양적 연구방법과 질적 연구방법을 동시에 적용한 연구의 예
는 예 14와 같다.

예 14

　연구자가 우울에 대한 인지행동적 접근이 아동에게도 효과가 있는지
알아보기 위해 우울한 아동집단을 대상으로 인지행동상담기법을 적용한
집단상담을 실시했다고 하자. 아동의 우울 정도를 집단상담 시작 전과
후에 사전 · 사후 검사를 하고, 그 차이가 통계적으로 유의미한지를 검증
한다면 이는 양적 연구에 해당한다. 그런데 이러한 차이를 통해서는 우
울 증상이 감소했다는 것을 알 뿐 집단상담의 어떤 과정이 도움이 되었는
지를 밝히지는 못한다. 연구자는 집단종결 후 집단과정에 대한 인터뷰를
실시해서, 집단상담의 과정 중 도움이 된 부분이 어떤 부분이었고, 어떤
과정을 거쳐 우울 감소에 도움이 되었는지에 대한 질적 자료를 얻고 이를
분석함으로써 양적 분석을 보완하는 자료를 제시할 수 있다.

5 연구윤리의 기초

연구를 시작할 때 연구자는 소속 기관과 관련 학회의 연구윤리 규정을 확인하고 이에 따라 진행할 것이 요청된다. 상담자의 연구 윤리는 한국상담학회, 한국상담및심리치료학회 등에서 발간한 윤리강령에 제시되고 있는데, 여기에서는 한국상담학회의 윤리강령을 참고하여 주요 연구윤리를 다루었다. 한국상담학회의 윤리강령 중 상담연구 관련 규정이 〈표 2-2〉에 제시되었다. 연구윤리와 관련한 주요 주제로는 연구자의 책임, 연구참여자의 권리, 연구결과의 보고와 관련한 윤리 등을 들 수 있다.

〈표 2-2〉 한국상담학회 윤리강령 제6장-상담연구 관련 윤리규정(2016년 개정)

제6장 상담연구
  제19조(연구책임)
    (1) 상담연구자는 연구의 결과가 상담의 이론과 실제에 바람직한 기여를 하도록 노력해야 하고, 연구로 인한 문제에 대해 책임을 져야 한다.
    (2) 상담자는 연구참여자를 대상으로 하는 연구를 수행할 때 윤리규정, 법, 기관규정, 과학적 기준에 합당한 방식으로 연구를 계획, 설계, 실행, 보고한다.
    (3) 상담자는 윤리적인 연구수행에 대한 궁극적인 책임이 연구책임자에게 있다는 것을 인식하고 연구활동에 참여하는 모든 사람이 윤리적 책임을 공유하며 각자의 행동에 대해 책임을 진다는 사실을 주지시킨다.

(4) 상담자는 연구참여 때문에 연구참여자의 삶에 혼란이 초래되는 것을 피하기 위해 합당한 사전 조치를 취한다.

(5) 상담자는 연구목적에 적합하다면 문화적인 고려를 통해 연구절차를 구체화하도록 한다.

제20조(연구참여자의 권리)

(1) 상담자는 피험자에게 연구의 필요성을 포함하여 연구에 관한 전반적인 사항에 대해 상세히 설명하여 동의를 얻어야 하며, 그들이 자발적으로 연구에 참여하도록 해야 한다.

(2) 상담자는 내담자를 포함시키는 연구를 수행할 때 사전동의 절차에서 내담자가 연구활동에 참여할 것인지에 대해 자유롭게 선택할 수 있다는 점을 명확하게 하고 동의를 받는다.

(3) 상담자는 연구과정에서 연구참여자에 대해 획득한 정보를 비밀로 유지한다.

(4) 상담자는 자료가 수집된 후 연구에 대해 참여자들이 가질 수 있는 오해를 해소하기 위해 연구의 특성을 명확하게 설명한다.

(5) 상담자는 학술 프로젝트나 연구가 완료되면 합당한 기간 내에 연구참여자의 신분을 확인할 수 있는 자료나 정보가 포함된 오디오, 비디오, 인쇄물과 같은 기록이나 문서를 파기하는 조치를 취한다.

제21조(연구결과의 보고)

(1) 연구결과를 발표할 때에는 그 결과와 관련된 모든 정보를 정확하게 서술해야 하며, 객관적이고 공정한 발표가 되게 하고, 연구결과가 다른 상담자의 연구를 위한 자료가 될 수 있도록 해야 한다.

(2) 상담자는 출판된 연구에서 중대한 오류를 발견하면, 정오표나 다른 적절한 출판 수단을 통해 그 오류를 수정하는 합당한 조치를 취한다.

(3) 상담자는 모든 연구참여자의 신분을 보호하고 복지를 위해 자료를 각색·변형하고 결과에 대한 논의가 연구참여자에게 해를 끼치지 않도록 합당한 조치를 취한다.
(4) 상담자는 연구대상자의 요구가 있을 경우 연구의 결과와 결론을 제공하고 연구대상자가 요구하는 연구의 오류를 바로잡을 수 있다.
(5) 상담자는 다른 사람의 저작을 자신의 것처럼 표절하지 않는다. 또한 자신의 작품을 이중 출판하거나 발표하지 않는다.
(6) 상담자는 공동 저자, 감사의 글, 각주 달기 등의 적절한 방법을 통해 연구에 상당한 기여를 한 사람들에게 그런 기여에 합당하게 공로를 인정하고 표시한다.

출처: 한국상담학회(2016a).

1) 연구자의 책임

연구자는 연구주제와 연구방법의 선정, 연구결과의 활용 등에 이르는 전체 과정에서 다양한 윤리적 책임을 가진다. 연구자는 자신의 연구결과가 상담의 이론과 실제에 바람직한 기여를 할 수 있는 연구주제를 설정해야 한다. 연구의 결과가 연구대상을 이해하는 데, 연구대상자가 바람직한 변화를 이루는 데 도움을 줄 수 있는 내용이어야 한다는 것이다. 따라서 연구자는 자신의 연구주제가 선행연구에서 이미 탐색한 문제를 다루고 있지는 않은지, 연구방법이 연구주제를 탐색하기에 적절한지, 연구에 소요되는 비용 대비 효과 면에서 수행할 만한 가치가 있는 연구인지 등을 고려하여 연구주제를 선정한다.

연구자의 책임에는 기관생명윤리위원회의 승인을 얻는 과정도 포함된다. 대부분의 대학은 인간 대상의 연구에서 기관생명윤리위원회(IRB)의 사전 승인을 얻도록 하고 있으며, 한국상담학회(2016b) 연구윤리규정에서도 기관생명윤리위원회의 승인에 관한 조항을 따로 두어 중요하게 다루고 있다. 연구자는 기관의 승인이 필요한 연구의 경우, 연구의 수행 전에 IRB에 연구계획서를 제출하고 승인을 얻는 과정을 거친다. 승인된 연구는 연구계획서대로 진행하고, 변경이 필요한 경우 변경에 대한 재승인 과정을 거친다. 특히 인간 대상의 경험연구는 시작 전에 IRB의 승인을 얻은 후 진행하도록 권고된다(한국상담학회, 2016b).

2) 연구참여자 권리의 보호와 피해의 금지

문헌연구를 제외한 대부분의 연구에는 필연적으로 연구참여자의 도움이 필요하다. 연구참여자는 질문지의 응답자, 인터뷰의 대상자, 프로그램의 참가자 등을 모두 포함한다. 이 과정에서 연구자는 연구참여자의 권리를 인식하고, 이를 보장하는 방식으로 연구를 진행한다. 연구참여자는 자신이 참가하는 연구가 어떤 연구인지 설명을 듣고, 이러한 정보에 기반해 사전동의를 거쳐 연구참여를 결정할 수 있으며, 연구가 진행되는 과정 중 원하면 언제든지 연구참여를 중단할 수 있는 권리가 있다.

특히 아동과 청소년 대상의 연구에서는 아동과 청소년의 연구참여에 대한 동의뿐 아니라 보호자의 동의를 얻는 것이 좋다. 국내에서는 아동과 청소년 대상의 질문지의 경우에는 보통 서면이나 구두로 연구의 목적을 설명하고 아동과 청소년의 동의만 얻어 실시하는 경우가 많지만, 집단상담 프로그램 참여와 같이 좀 더 긴 시간 동안의 참여가 요구되는 연구에서는 반드시 아동 및 청소년 참여자뿐만 아니라 부모의 사전동의를 얻는 것이 필요하다. 아동과 청소년 대상의 프로그램 개발 및 프로그램의 효과 평가 연구를 하는 경우에 사용할 수 있는 사전동의서의 예가 〈표 2-3〉에 제시되었다.

〈표 2-3〉 아동과 청소년 대상 연구에서 사전동의서의 예

친구관계 향상을 위한 집단상담 참가 안내 및 참가 동의서

안녕하세요.

이번에 저희 학교에서 초등학교 고학년의 친구관계를 향상하기 위한 집단상담을 실시하게 되어 이에 대해 안내를 드립니다. 집단상담에서는 초등학교 고학년의 친구관계에 대해서 알아보고, 좋은 관계를 맺기 위해서 어떻게 하는 것이 좋은지를 함께 의논하게 됩니다. 집단상담은 문제가 있는 학생을 대상으로 하는 것이 아니며, 친구관계에 관심이 있는 학생이면 누구나 참가할 수 있습니다.

집단상담은 보통 8~10명 정도로 구성된 하나의 집단을 대상으로 이루어지며, 한 회에 50분으로 진행됩니다. 집단상담은 학교의 상담실에서 이루어지고 ○월 ○일부터 ○월 ○일 까지 1주일에 두 번씩 총 8회 진행됩니다. 집단상담의 전후에는 아동들을 대상으로 간단한 검사를 실시하고, 이 결과는 학술 연구에 활용될 예정입니다. 집단상담의 전체 과정에서 아동 개개인이 말하는 내용에 대해서는 비밀이 보장됩니다.

집단상담에 참가를 원하시면 아래의 동의서에 서명해서 신청해 주시면 됩니다. 집단상담의 실시와 관련된 질문은 연구자인 ○○○ (전화: ×××-×××-××××)에게 해 주시면 됩니다. 감사합니다.

집단상담 참가 신청 및 동의

학 생 _____   날짜 _____   서명 _____
보호자 _____   날짜 _____   서명 _____

연구를 진행하는 과정에서 얻게 되는 연구참여자의 개인정보에 대해서 비밀을 유지하는 것도 연구참여자의 권리보장에 속하는 중요한 측면이다. 연구자는 연구과정에서 연구참여자의 인구학적 정보, 사회경제적 배경, 다양한 심리적 상태, 부모의 인구학적 정보와 심리적 정보 등 다양한 정보를 얻게 되는데 이에 대해서 비밀을 유지한다. 이를 위해서 흔히 질문지에서는 이름을 쓰지 않도록 하거나, 결과를 보고 할 때 누구의 응답인지가 드러나지 않도록 평균점수로 결과를 제시하는 등의 방법을 사용한다. 특히 사례 연구나 인터뷰 내용을 자세히 제시하는 등 연구참여자의 특성이 보다 많이 공개되는 연구에서는, 연구자가 연구의 목적에 맞는 특성들을 중심으로 결과를 제시하고 불필요한 개인정보가 노출되지 않도록 보다 세심한 주의를 기울인다.

예 **15**

　연구방법 중 연구참여자에 대한 설명에서 "연구의 참여자는 안양에 위치한 안양초등학교 6학년 3반 학생 30명이었다."라고 기술하는 것은 연구참여자의 소속을 구체적으로 드러내게 되므로 바람직하지 않다.

　연구참여자의 개인정보를 보호하는 보다 바람직한 기술은 "연구의 참여자는 경기도에 위치한 한 초등학교의 같은 반 학생 30명이었다." 이다. 이렇게 함으로써 연구의 참여자가 어느 지역에서 표집되었는지와 같은 반 소속이라는 정보를 제공하면서도 구체적으로 누구인지에 대해서는 비밀보장을 할 수 있다.

　연구자는 연구의 참여자가 연구에 참여함으로써 피해를 입지 않도록 주의를 기울인다. 연구에 참여함으로써 입을 수 있는 피해에는 질문지나 인터뷰에 응답하는 과정에서 경험하는 지나친 피로감, 질문지나 인터뷰 내용으로 인해 연구참여자에게 촉발되는 지나친 정서적 각성 등을 들 수 있다. 특히 아동과 청소년을 대상으로 한 연구자는 이들의 발달단계를 고려하여 총 응답시간이 지나치게 길어지지 않게 연구를 계획하고 진행한다.

　상담 연구에서는 연구참여자가 심리적 도움이 필요한 상태인지를 연구 중에 파악하게 되기도 한다. 이런 경우에 연구자는 연구참여자에게 필요한 적절한 도움을 제공하거나, 도움을 받을 수 있도록 적절한 사람이나 기관에 연계해 주는 것이 바람직하다.

예 16

검사도구 중 하나로 우울 검사를 사용한다면, 연구참여자 중 우울 수준이 매우 높아서 즉시적 도움이 필요한 경우를 발견할 수 있다. 이때 연구자는 우울에 대한 개입이 연구의 주제는 아니더라도, 심리적인 어려움이 있는 참여자에게 필요한 도움을 직접 제공하거나 전문기관에 연계해 주는 것이 바람직하다.

예 17

집단상담의 효과검증 연구에서는 흔히 연구의 참여자를 실험집단과 통제집단으로 나누고, 집단상담을 실험집단에 실시한 후 실험집단에서 개입의 효과가 나타나는지를 통제집단과 비교하는 방식으로 연구가 진행된다. 이 과정에서 집단상담 참가를 희망한 아동/청소년을 임의로 통제집단에 배정해 연구를 진행했다면, 통제집단의 아동/청소년들은 원하는 집단상담을 받지 못한 채로 연구가 종료된다. 상담을 신청한 아동/청소년이 도움이 필요해서 상담을 신청했다면 이들은 통제집단에 배치됨으로써 필요한 도움을 얻지 못하게 되는 것이다. 연구자는 이런 경우에도 연구 종료 후에 통제집단의 참여자들에게 동일한 상담을 제공함으로써 이들에게 필요한 서비스가 제공될 수 있도록 한다.

3) 연구결과의 보고

연구자는 연구결과를 제시할 때 결과를 정확하게 기술하고, 다른 사람의 생각이나 글을 자신의 것처럼 제시하지 않아야 한다. 연구결과의 보고와 관련한 한국상담학회(2016b)의 연구윤리규정이 〈표 2-4〉에 제시되었다.

〈표 2-4〉 한국상담학회 연구윤리규정-연구발표의 진실성 관련 규정

제6장 연구발표의 진실성
제19조(연구결과의 보고)
① 연구결과를 발표할 때에는 연구결과를 날조하거나 변조해서는 아
　니되며, 결과와 관련된 모든 정보를 정확하게 서술해야 한다. 연
　구자는 연구결과에 대한 객관성과 공정성을 잃지 않아야 하며 연
　구결과가 다른 연구자를 위한 자료가 될 수 있도록 해야 한다.

……… 중략 ………

제20조(연구결과의 인용)
① 연구자는 본인 연구의 고유성과 창의성을 지녀야 하며 연구문헌,
　연구계획서를 작성함에 있어 자신의 연구아이디어 또는 연구데이
　터를 자신의 문장으로 표현하여야 한다.
② 연구자는 연구의 결과 발표에서 진실성을 지키며, 변조, 표절을 하
　지 않는다. 연구자는 표절에 대해 숙지하고 다른 연구자의 공개된
　학술 자료를 인용할 경우에는 타인의 학술 활동 결과를 정확하게
　기술하도록 하고 상식에 속하는 자료가 아닌 한 반드시 그 출처를
　명확히 밝혀야 한다.

……… 후략 ………

출처: 한국상담학회(2016b).

　먼저, 연구자는 연구결과를 왜곡 없이 정확하게 제시해야 한다. 연구자가 연구결과를 조작하거나, 여러 가지 연구결과 중 연구가설에 맞는 결과만을 선택적으로 제시한다면 이는 이후 독자들에게 왜곡된 결과를 제시하는 셈이므로 피해야 한다. 연구의 결과를

정확하게 제시하는 한 가지 예가 예 18에 제시되었다.

예 18

공감 중심의 대인관계능력 향상 프로그램이 초등학교 고학년의 대인관계 향상에 도움이 되는지를 연구한 경우를 생각해 보자. 연구자가 총 12시간의 프로그램을 6주에 걸쳐 참여자에게 제시한 결과, 참여자들의 공감능력은 향상되었으나 실제 대인관계능력은 변화가 없는 것으로 나타났다. 이런 경우에 연구자는 자신이 6주 동안 들인 노력이 성과 없이 나타났으므로 연구결과를 제시하는 데에 저항을 느낄 수 있다. 이때 연구자가 공감능력의 변화만 제시하고, 대인관계능력에서의 결과를 제시하지 않는다면 이는 바람직하지 않다. 이 프로그램이 공감능력의 변화에는 도움이 되지만, 실제 대인관계능력의 향상에는 의미 있는 변화가 나타나지 않았음을 정확하게 제시해서 후속연구자가 프로그램을 활용하거나 수정하는 데에 이용할 수 있도록 하는 것이 좋다.

연구자는 연구의 전반적인 글쓰기와 결과 제시 과정에서 표절이 일어나지 않도록 세심한 주의를 기울여야 한다. 표절은 다른 사람의 생각이나 연구결과의 출처를 정확하게 밝히지 않고 마치 연구자 본인의 생각이나 연구결과인 것처럼 기술하는 것이다. 표절은 의도적으로 이루어질 수도 있으며, 의도하지 않았지만 충분히 주의하지 않아서 이루어질 수도 있다. 따라서 다른 연구자의 생각이나 연구결과는 반드시 정확한 인용과 함께 제시한다.

다른 사람의 글을 그대로 옮겨 올 때는 " " 표시와 정확한 페이지까지 표시하고, 다른 사람의 아이디어를 인용할 때에도 연구자의 글로 바꾸어 기술하면서 출처를 인용한다. 서론이나 이론적 배경에서 다른 연구자가 정리한 자료를 그대로 옮겨 오는 것도 표절에 해당하므로 주의한다. 특히 다른 연구자의 글 중 한 단락 전체를 그대로 가져와 인용하는 방식은 지양한다. 다른 사람의 연구결과를 인용하는 바람직한 예가 예 19에 바람직하지 않은 예가 예 20에 제시되었다.

예 19

'초등학교 고학년의 성적, 학업자기효능감은 이들의 직업포부수준과 정적 상관이 있는 것으로 나타났다(공윤정, 2011).' 혹은 '공윤정(2011)에서 초등학교 고학년의 성적, 학업자기효능감은 이들의 직업포부수준과 정적 상관이 있는 것으로 보고되었다.' 등으로 연구의 출처를 구체적으로 제시한다.

예 20

아동과 청소년의 직업포부가 개인의 능력과 관련된다는 결과는 다양한 연구에서 보고되고 있다(박열매, 2011; Eccles, 2010; Trice, Huges, Odom, Woods, & McClellan, 1995; 공윤정, 2011에서 재인용).

⇨ 이 예는 공윤정(2011)에서 재인용하였음을 밝히고 있지만 바람직하지 않은 인용이다. 왜냐하면 연구자가 공윤정(2011)의 문장과 인용된 문헌 등을 그대로 가져와서 사용하고 있기 때문이다.

좀 더 바람직한 예는 공윤정(2011)에서 인용된 자료들을 직접 찾아보고, 추가로 자료를 찾아 보완한 후 연구자가 자신의 글로 인용하는 방식이다.

논문을 작성하다 보면 재인용을 하는 경우가 있다. 재인용은 연

구내용이 발표된 원자료를 보지 않고 다른 연구자가 인용한 연구
내용을 다시 인용하는 것이다. 재인용은 원자료가 너무 옛날 자료
라서 구하기가 어려운 경우 등 한정된 경우에만 제한적으로 사용
하고, 연구자는 자신의 글에 인용하는 자료들은 직접 읽고 인용하
는 것을 원칙으로 하는 것이 바람직하다.

제3장 서론 쓰기

이 장에서는 논문 전반에 걸쳐서 글 쓸 때 주의할 일반적 사항들 및 서론 부분을 쓸 때 중요한 점들에 대해서 알아본다.

1 논문의 제목 쓰기

1) 무엇에 관한 연구인지 간단명료하게 제시하기

논문의 제목은 논문이 무엇에 관한 것인지를 가장 축약적으로 나타내는 것으로, 연구 문제(가설) 및 목적에 부합하여야 한다.

예 1

연구문제: 연구의 주된 목적은 아버지의 양육참여도 및 의사소통유형과 아동기 자녀의 자아존중감과의 관련성을 보고자 하는 것이다.
⇨ 연구문제에 부합하는 논문 제목: 아버지의 양육참여도 및 의사소통유형과 아동 자아존중감의 관계

논문 제목은 완전한 서술형 문장으로 표현하지 않으며, 간혹 질문으로 표현하는 경우도 있으나, 가능하면 피하는 것이 좋다. 특히 경험적 연구의 경우 폐쇄형 질문('예/아니요'로 대답할 수 있는 질문)은 피한다.

예 2

자기조절프로그램은 아동의 공격성에 영향을 미치는가?
⇨ 더 좋은 제목: 자기조절프로그램이 아동의 공격성에 미치는 영향

'연구'라는 용어는 '사례연구' '질적 연구' 등 연구의 방법을 분명히 부각하는 경우가 아니라면 제목에 포함하지 않도록 한다.

예 3

전문상담교사의 역할에 대한 교사와 학부모의 태도에 관한 연구(×)
⇨ 더 좋은 제목: 전문상담교사의 역할에 대한 교사와 학부모의 태도

2) 논문 제목은 '무엇'을 연구하였는지를 제시하기

논문 제목은 연구의 결과나 결론을 제시하는 것이 아니다.

예 4

내적통제성향이 강할수록 진로성숙도가 높다. (×)
⇨ 더 좋은 제목: 내외통제성향과 진로성숙도의 관계

3) 변인 개수가 적을 때 제목 쓰기

연구한 변인의 수가 두셋 정도에 그칠 때는 변인들을 모두 제목에 명시한다. 앞의 예 4의 경우 두 변인, 즉 ① 내외통제성향, ② 진로성숙도만 연구에 포함되었으므로 두 변인 모두 제목에 포함하였다.

4) 변인 개수가 많을 때 제목 쓰기

연구한 변인의 수가 많을 때는 가장 주된 변인 한둘 정도만 제목에 명시하고, 나머지 변인들은 유형으로 포괄하여 제시한다. 학교폭력에 관한 아동들의 태도를 부모의 직업, 학력, 경제적 수준, 아동의 성별 등에 따라서 살펴본 연구라고 하자. 이 경우 연구된 모든 변인을 제목에 나열하면 제목이 너무 길고 산만해진다. 그러므로 가장 주된 변인인 '학교폭력에 관한 아동의 태도'만 명시하고, 나머지 부모의 직업, 학력, 경제적 수준, 아동의 성별 등은 '인구학적 변인'이라는 유형으로 묶어서 제시하는 것이 더 적절하다.

예 5

학교폭력에 관한 아동의 태도: 인구학적 변인에 따른 차이

5) 부제 활용 가능성을 고려하기

강조가 필요하거나 제목 길이를 줄이기 위하여 부제 활용 가능성을 고려한다. 앞의 예 5에서 부제를 활용하지 않는다면 '학교폭

력에 관한 아동의 태도 및 인구학적 변인과의 관련성'과 같이 나열된 단어들로 인해 산만한 느낌을 주었을 것이나, 콜론(:)을 활용함으로써 주된 변인이 무엇인지를 보다 분명하게 나타내었다.

6) 연구참여자가 중요한 경우 제목 쓰기

연구참여자(대상)를 명시하는 것이 중요한 경우 제목에 포함한다. 예를 들어, 초등학교 5학년과 6학년 아동들이 부모의 의사소통양식을 어떻게 지각하는지와 아동의 자아존중감의 관계를 연구하였다고 하자.

예 6

지역과 사회경제적 배경을 골고루 안배하여 연구참여자를 표집한 경우라면
⇨ 부모의 의사소통양식에 대한 초등 고학년 아동의 지각과 자아존중감의 관계

예 7

저소득층 아동들만을 대상으로 연구참여자를 표집한 경우라면
⇨ 부모의 의사소통양식에 대한 저소득층 초등 고학년 아동의 지각과 자아존중감의 관계

연구참여자를 어느 정도 상세하게 제목에 명시할지는 연구에서의 중요도에 따라서 결정한다.

예 8

　연구자가 경기도 내 여러 학교에서 아동들을 연구참여자로 표집한 경우라고 하자. 연구의 성격상 아동들이 어느 시도에 거주하는지가 중요한 의미가 있다고 판단되면 제목에 '경기도 아동의 ~'라고 명시하여야 한다. 그러나 어느 시도에 거주하는지가 연구에서 별 중요한 의미가 없고, 이 아동들이 전국 아동들을 대표할 수 있다고 연구자가 판단하면 '경기도'를 명시할 필요가 없다.

7) 인과적 의미를 가진 용어 사용에 주의하기

　상관연구의 제목에서 '영향' '효과' 등의 인과적 의미를 가진 용어를 사용하는 것은 적절치 않다. 특히 부모의 어떤 측면(예: 양육태도)과 자녀의 어떤 측면(예: 자아존중감)과의 관련성을 본 연구들에서 연구자가 부모는 자녀에게 영향을 미친다고 가정하고 제목과 본문에서 '영향' '효과' 등의 용어를 사용하는 경우들이 있는데, 이는 적절치 않다. 부모와 자녀는 서로 영향을 주고받는 것이지, 영향이 어느 한 방향으로만 이루어지는 것도 아닐뿐더러, 상관연구는 통계적으로 '관계'만 본 것이기 때문이다.

　독립변인을 조작하여 종속변인에서 어떤 변화가 일어났는지를 보는 실험연구와 유사실험연구인 경우에만 인과관계를 주장할 수 있으므로, '영향' '효과' 등의 제목을 사용할 수 있다.

예 9

　외톨이아동에게 모델링기법(독립변인)을 적용하여 사회적 상호작용(종
속변인)의 변화가 일어나는지를 연구한 경우라면
⇨ 모델링기법이 외톨이아동의 사회적 상호작용에 미치는 영향

2 글쓰기 기본사항

여기에서는 논문을 위한 글을 쓸 때 가장 기본적인 사항이지만
많은 연구자가 실수하는 점들을 제시한다.

1) 읽는 사람을 위해 친절하고 쉽게 쓰자

논문에서는 전문적 용어를 사용하기도 한다. 특히 통계방법 등
을 다루는 경우 전문지식이 없는 사람은 이해하기 어려운 경우가
생길 수밖에 없다. 그럼에도 불구하고 연구자는 가능하면 읽는 사
람이 이해하기 쉽게 쓰도록 노력해야 한다. 특히 서론이나 논의
부분 등은 대학교육을 받은 사람이라면 충분히 이해할 수 있도록
쉽게 쓰도록 노력해야 한다.

문단 간에, 문장 간에 논리적인 흐름을 항상 생각하며 글을 구성
하도록 한다. 연구자 스스로 논문내용을 충분히 숙지하고 있는지
를 확인해 보라. 연구자 본인이 내용을 잘 알고 있어야 글도 쉽게
써진다.

글을 쓴 후에는 반드시 연구자 본인이 그 글을 여러 번 다시 읽

어 보아야 한다. 읽는 사람에게 혼동을 줄 만한 점은 없는지, 연구자의 의도를 분명하게 잘 전달하고 있는지, 스스로 검토하는 시간을 충분히 가져야 한다.

2) 주어와 술어가 맞아야 한다

문맥이 분명하다면 주어를 생략해도 좋은 경우들이 있다. 그러나 일단 특정 주어를 사용했으면 술어는 반드시 주어에 맞추어야 한다.

3) 문장은 간결하게 써야 하며, 한 문단이 한 문장으로 이루어져서는 안 된다

문장은 간결할수록 좋다. 따라서 한 문장이 대여섯 줄 이상, 심지어는 열 줄 이상 길게 이어지도록 쓰거나 한 문장 내에 쉼표를 몇 번씩 사용해 가며 길게 글을 나열하는 것은 가급적 피해야 한다. 또한 한 문단을 한 문장으로 채우는 것은 틀린 글쓰기에 해당한다.

3 연구 필요성과 목적 쓰기

서론은 '연구의 필요성과 목적' '연구문제' '용어정의' 등으로 이루어진다. 연구주제가 속하는 영역에 대하여 소개하고 그 주제의 중요성 및 연구자의 시각 등을 제시함으로써 해당 연구의 필요성을 설득하고 목적을 제시하는 것이다. 그러한 필요성과 목적에 기반하여 구체적으로 어떤 연구문제를 탐색할지 명시하고, 해당연구에서 제시되는 용어들의 의미를 정의한다. 각 부분에서 주의할 점들을 다음에서 살펴보자.

학회지논문에서는 보통 서론과 이론적 배경이 묶여서 제시되지만, 학위논문들에서는 대체로 서론이 논문의 첫 장에 해당되고, 이론적 배경은 두 번째 장으로 따로 제시된다.

1) 연구의 필요성은 이 연구가 왜 필요한지를 설득하는 것이 주 목적이다

설득력이 있어야 한다. 이 영역이 왜 중요하고 이 연구가 왜 필요한지를 설득력 있게 제시해야 한다. 설득력을 높이기 위해서 이 영역에서 기존에 어떤 연구들이 이루어져 왔는지(혹은 이 영역의 중요성에도 불구하고 기존에 연구들이 이루어지지 않아서), 그 연구들의 성과에도 불구하고(혹은 그 연구들의 성과에서 좀 더 나아가서) 어떤 연구가 더 필요한지 등을 진술하는 것이다.

연구자가 보기에는 해당 영역이나 주제가 당연히 중요하게 여겨지더라도 읽는 사람에게 그 중요성을 설득할 수 있어야 한다.

예 10

아동의 행복감과 관련된 연구를 수행한다고 하자. 연구자 생각에는 아동의 행복감은 당연히 중요한 것이라고 여기고 다른 사람도 행복감의 중요성을 알 거라고 생각할 수 있지만, 연구 필요성에서는 아동의 행복감이 왜 중요한지를 제시해야 한다.

넓은 영역보다는 연구주제에 초점을 맞추어서 중요성을 설득하
도록 한다.

예 11

앞의 **예 10**에서는 행복감이나 아동의 정서 등에 초점을 맞추어 연구
의 필요성/중요성을 설득하는 것이 아니라 '아동의 행복감' 연구의 중요
성/필요성에 초점을 맞추는 것이 적절하다.

2) 연구 필요성을 주장하는 논지를 뒷받침할 수 있는 타당성 높은 근거를 제시하여야 한다

논지의 근거로 제시되는 이론이나 개념은 그 원저자를 찾아서
인용하되, 한두 연구내용의 일부를 통째로 인용하는 식으로 논지
가 구성되어서는 안 되며 연구자 본인의 논리로 재구성되어야 한
다. 원저자의 책이나 논문을 직접 접할 수 없어서 원저자의 이론
이나 개념을 소개한 교과서나 학회지논문을 참고하였다면 재인용
임을 명확히 밝혀야 한다.

언론의 기사 내용이나 석사논문의 주장적 진술을 논지의 근거
로 삼는 것은 지양하여야 한다. 통계자료는 통계자료의 원천(예:
통계청)을 찾아서 인용하되, 최신 것으로 인용하여야 한다. 석사논
문은 연구결과의 통계치나 검사지에 관한 정보 등을 제외하고는
인용하지 않도록 해야 한다.

3) 연구주제가 속하는 영역에 대한 진술로부터 넓게 시작해서 본
인이 연구하려는 주제로 초점을 좁혀 나간다

연구 필요성의 도입 부분은 연구주제가 포함되는 다소 넓은 영
역과 그 중요성에 대한 언급으로부터 시작하는 것이 보통이나, 지
나치게 거창한 느낌은 들지 않도록 한다.

예 12

연구주제가 아동의 학업자아존중감에 관한 것이라면, 학업자아존중감
보다 넓은 영역인 '자아존중감'으로부터 시작하여 '아동의 자아존중감',
그리고 '아동의 학업자아존중감'으로 점차적으로 초점을 좁혀 나갈
수 있다.

연구 필요성을 진술하기 위한 개요를 만들어서 개요에 따라 진
술하면 효과적이다.

예 13

'한국 이혼가정 자녀의 심리적 탄력성' 연구 필요성과 목적 개요
1) 한국사회의 이혼율 급증/현황과 그 영향
2) 이혼가정 자녀의 적응에 관한 대표적 관점들
  ① 적응에 문제가 있다는 전통적 관점
  ② 삶의 위기일 뿐 적응에 꼭 문제가 있는 것은 아니라는 관점
  ③ 두 관점 모두 이혼은 자녀들의 적응에 위험요인으로 본다는 것
  ④ 이혼이 자녀들의 적응의 위험요인임에도 불구하고 많은 이혼가정
     자녀가 성공적 적응을 이루어냄

3) 심리적 탄력성의 보편성
  ① 심리적 탄력성의 도입과 보편성
  ② 이혼가정 자녀의 적응과 심리적 탄력성 적용 가능성
4) 한국 이혼가정 자녀의 심리적 탄력성에 관한 기존연구의 부족
  ⇒ 연구 필요
5) 연구의 목적

4) 연구 필요성 부분에서는 기존연구에 대한 소개는 자세히 하지
  말고, 가장 대표적이거나 논지를 펴기 위해 꼭 인용이 필요하
  다고 여겨지는 것 몇 개로만 국한한다

연구 필요성에서는 기존연구의 자세한 소개보다는 연구자가 연
구주제에 관해서 가진 관점을 제시하고 본인 연구가 필요하다는
것을 설득하는 것이 더 중요하다.

예 14

앞의 **예 13**에서 이혼가정 자녀들의 적응에 관한 대표적 관점들에 대해
서 언급하려면 각 관점을 제시하는 대표적 기존연구들에 대해서 제시하
는 것이 연구자의 관점을 보강하는 근거가 될 수 있다. 그럴 때 한두 가
지 정도의 대표적 연구를 제시할 수도 있다. 그럴 때도 연구 하나하나를
나열하여 소개하는 것보다는 연구자가 관점별로 연구들을 종합 정리하
여 제시하고, 참고문헌으로 괄호 안에 제시하는 것이 더 좋다.

기존연구에 대한 자세한 소개는 이론적 배경에서 다룬다.

> 5) 기존연구들 간에 상충되거나 부족한 부분을 지적하거나 추가
>   적으로 어떤 발전된 연구가 필요한지를 논리적으로 설득하며
>   연구 필요성을 부각한다

기존연구들이 동일한 주제에 대해서 서로 다른 결과를 제시하고 있거나 기존연구에서 다루지 않거나 빠진 점이 있으면 그 부분을 제시하여 연구의 필요성을 부각할 수 있다. 또는 기존연구가 어느 정도 이루어졌으므로 그에 더 나아가 추가적으로 어떤 점을 연구하는 것으로 발전시키는 것이 필요하다고 설득할 수도 있다.

이때 논리적 설득력이 매우 중요하다. 예컨대 최근 매개효과나 조절효과를 연구문제로 설정한 논문이 많은데, 매개효과나 조절효과를 왜 가정할 수 있는지를 논리적으로 잘 설득해야 하는 것이다.

☑ 'A, B, C 세 변인 간에 상관관계가 있다는 선행연구들이 있는데, B변인이 매개효과(조절효과)를 가지는지 알아보고자 한다.'는 식의 진술은 논리성이 결여되었기 때문에 설득력이 전혀 없다.

☑ 'A와 B의 관계에 관한 연구가 중고등학생들을 대상으로는 많이 연구가 되어 있는데, 초등학생을 대상으로 한 기존연구는 없기 때문에 본 연구는 초등학생을 대상으로 하겠다'는 것도 논리성이 결여되어 있으므로, 초등학생을 대상으로 해당 주제의 연구가 이루어져야 하는 이유를 논리적·경험적 근거와 함께 제시하여야 한다.

6) 해당 연구의 목적을 명시하고, 이 연구가 기존연구들과 어떻게 다르며, 어떤 기여를 할 수 있는지 제시한다

연구 필요성에서 제시한 근거들로부터 타당한 연구목적이 추출되도록 논리적 흐름에 맞게 목적을 제시하고, 해당 연구가 기존연구들에 비해서 차별화되는 점을 부각할 필요가 있다. 또한, 연구자가 연구주제를 개념화한 방식이나, 변인들을 측정한 방법, 적용한 분석방식, 연구대상 등에서의 차이 등을 제시하고, 해당 연구가 기여할 수 있는 점이나 대상을 언급하는 것이 좋다.

4 연구문제 쓰기

연구문제는 서론의 앞부분에서 제기한 연구의 필요성 및 목적에 따라서 구체적으로 어떠어떠한 문제들을 연구하겠다고 명기하는 것이다.

연구문제를 제시하는 대신 가설을 제시할 수도 있으나, 가설을 제시하는 경우에는 서론에 포함하지 않고 이론적 배경을 제시한 다음(이론적 배경과 연구방법 사이)에 제시한다. 연구의 목적이 변인 간의 관계를 보는 것이 아니라 연구대상(집단)에 대한 기술연구인 경우나, 변인 간의 관계를 보더라도 변인 간 관계에 대해 가설을 형성할 수 있을 만큼 충분한 근거가 없는 경우에는 가설을 제시하지 않고 연구문제로 제시한다.

1) 연구문제는 간단명료하되 구체적으로 기술한다

연구문제는 의문문으로 제시하는 것이 보통이며, 연구문제를 구체적으로 명시할수록 좋지만, 간단하게 기술하도록 한다.

예 15
아버지의 의사소통유형과 아동의 내외통제성은 어떤 관련이 있는가?

예 16
자극통제기법의 적용은 초등 고학년 아동의 공격성에 어떤 영향을 미치는가?

기술연구나 질적 연구인 경우에 연구문제를 의문문으로 제시하는 것이 부적절해 보인다면, 연구목적을 서술문으로 제시하는 것으로 대치해도 좋다.

예 17
이 연구는 초등학교 전문상담교사의 역할에 대한 교사와 학부모의 태도를 조사하고자 한다.

2) 연구문제들이 서로 관련이 있는 경우 번호를 사용하여 구분한다

연구주제가 관련된 여러 연구문제로 구분될 수 있는 경우 한 문장으로 길게 서술하는 것보다는 번호를 사용하여 간단하게 구분해서 제시하는 것이 좋다.

예 18

1) 성별에 따라서 아동의 자아존중감에 차이가 있는가?
2) 연령에 따라서 아동의 자아존중감에 차이가 있는가?
3) 어머니의 취업 여부에 따라 아동의 자아존중감에 차이가 있는가?
4) 성별에 따른 어머니의 취업 여부와 아동의 자아존중감의 관계는 어떠한가?
  ① 어머니의 취업 여부와 남아의 자아존중감의 관계는 어떠한가?
  ② 어머니의 취업 여부와 여아의 자아존중감의 관계는 어떠한가?

3) 연구문제는 서론의 앞부분에서 연구 필요성과 목적에 대해 제시한 것에서부터 논리적으로 도출된 것이어야 한다

연구 필요성 및 목적에서 언급하지 않은 연구문제가 갑자기 제시되어서는 안 된다.

예 19

앞의 예 18에서 성별과 연령에 따른 자아존중감의 차이, 성별에 따른 어머니의 취업 여부와 자아존중감의 차이 등이 연구문제에 제시되어 있는데, 그렇다면 연구 필요성과 목적 부분에서 성별/연령별 차이를 탐색해야 할 필요성이 이미 제기되어 있어야 한다.

5 용어정의 쓰기

경험적 연구에서는 대체로 두 가지의 정의, 즉 개념적 정의와 조작적 정의가 제시된다. 개념적 정의는 연구에 포함된 변인의 의미를 개념적으로 설명하는 것으로서 서론에 제시되며, 조작적 정의는 그 변인이 구체적으로 어떻게 구성 또는 측정되는지를 설명하는 것으로서 서론이나 연구방법 부분에서 제시된다.

학위논문에서는 개념적 정의가 연구문제를 제시한 다음 부분에서 별도의 번호 아래 제시되나, 학회지논문에서는 별도의 번호로 제시되는 경우가 드물고 서론 속에 포함된다. 학회지논문을 읽는 독자는 연구에 포함된 변인들에 대해서 이미 익숙할 것이라고 가정하기 때문이다. 다음에서는 학위논문에서 개념적 정의를 제시하는 방법에 대해 살펴본다.

1) 연구문제에 포함된 모든 변인의 개념적 정의를 제시한다

연구문제에 포함된 변인 각각에 대해서 별도로 구분하여 개념적 정의를 제시한다.

예 20

어머니의 취업 여부란 어머니가 주부 외의 직업에 종사하고 있는지를 의미한다. 최근 6개월 동안 전업주부이거나 평균적으로 주당 15시간 미만 직업에 종사한 경우 미취업으로, 주당 15시간 이상 직업에 종사하는 경우에는 취업으로 조작적으로 정의한다.

2) 연구문제에 포함된 변인들이 어떤 이론/모델에 근거한 것인
  지 제시한다

연구에 포함된 변인을 기술한 용어가 이론에 따라서는 다른 의
미를 가질 수 있으므로, 해당 연구에서는 어떤 이론/모델에 근거
하고 있는지를 개념적 정의에서 명시한다.

예 21

자아효능감이란 Bandura(1977)가 제시한 개념으로서, 어떤 상황에
서 특정성취기준에 도달하는 행위를 할 수 있는 자신의 역량에 대한 신
념을 의미한다. 어떤 상황에 대해서 자신의 행동이 영향을 미칠 수 있다
는 인과적 능력에 대한 신념으로서, 인간의 포부와 동기 및 성취의 토대
가 된다(Bandura, 1997).

3) 서론 부분에 개념적 정의가 제시된 모든 변인에 대해서 서론
  이나 연구방법 부분에서 조작적 정의를 제시해야 한다

연구문제에 포함된 모든 변인에 대해 서론에서 개념적 정의를
제시한 후, 연구방법 부분에서 그 각각에 해당되는 조작적 정의를
명시하여야 한다. 용어정의 시 개념적 정의와 조작적 정의를 함께
제시해도 좋다.

제4장 이론적 배경

　이 장에서는 이론적 배경을 어떻게 써야 하는지에 대해 알아볼 것이다. 이론적 배경이란 해당 연구주제와 관련된 이론이나 선행연구를 정리하고 조직하여 제시하는 영역이다. 서론에서 연구의 필요성과 목적에 짧게 제시했던 해당 연구의 근거를 충분히 제공하기 위해 마련된 공간이라고 할 수 있다. 연구문제를 뒷받침하는 이론이나 그 이론에서 제안하는 가정, 가설, 모델이 포함될 수 있고, 연구문제 도출의 근거가 되는 연구와 관련성이 높은 선행연구의 내용을 제시한다. 그래서 연구를 시작할 때 수행하는 문헌조사가 이론적 배경 쓰기의 출발점이라고 할 수 있다.

　여기에서는 문헌을 조사할 때부터 이론적 배경의 내용 기술을 마칠 때까지 유념해야 할 이론적 배경 쓰기 방법에 대해 알아보고자 한다. 또한 학위논문을 준비하는 대학원생들이 주로 범하는 오류를 소개하고 그 대안을 제시하여 앞으로 논문을 쓰는 학생들의 실수를 예방하는 데 도움이 되고자 한다.

1 어떻게 준비할 것인가: 선행연구 탐색하기

이론적 배경의 작성은 가능한 연구계획서 작성 단계에서 어느 정도 완성하는 것이 바람직하다. 연구계획서 발표 이후 연구주제가 변경될 경우에는 이론적 배경을 다시 써야 하지만, 연구계획서 준비를 제대로 한다면 그런 일은 흔치 않다.

이론적 배경을 잘 쓰기 위해서는 이론적 배경에 포함될 이론이나 선행연구에 대한 탐색과 공부가 충실히 되어야 한다. 제2장의 '연구주제를 정하는 과정에서 선행연구의 탐색'이라는 절에서 배운 내용을 충실히 이행하는 것이 이론적 배경을 잘 쓰는 출발점이다. 이 부분이 제대로 되지 않는다면 이론적 배경을 잘 쓸 수 없다. 다음에 소개하는 몇 가지 이론적 배경 작성 지침들은 이러한 선행연구 탐색이 온전히 이루어졌다는 것을 가정하고 있다. 따라서 제2장의 내용을 충분히 숙지하지 못했다면, 제2장을 다시 공부하고 제4장을 읽기 바란다.

이론적 배경에 포함될 문헌(선행연구)을 찾는 일은 연구계획서의 준비 단계에서 가장 집중적으로 이루어지지만 논문이 끝날 때까지 계속된다. 논문을 쓰는 동안 계속 새로운 문헌을 찾아 참고하고, 이전에 읽은 문헌을 다시 검토하면서 이론적 배경의 내용을 보완해 나간다. 연구계획서 준비 단계에서 찾았던 문헌이라도 논문을 마무리할 때 또 확인하고 봐야할 수 있기 때문에 보관도 잘해야 한다. 학위논문의 내용을 정리하여 전문학술지에 게재할 경우엔 논문을 마치고 난 후에도 문헌 찾기를 계속하게 되는데, 처음부터 문헌을 체계적으로 관리하는 것이 좋다.

2 무엇을 쓸 것인가: 주제에 초점 맞추기

논문은 어쩌면 사소할 수도 있는 하나의 문제에 대한 답을 얻어가는 과정이다. 그러나 이러한 과정을 통해 그 영역의 학문을 발전시켜 나갈 수 있다. 따라서 한 논문의 이론적 배경은 이 논문에서 다루는 연구주제가 어느 영역에 속하는 문제인지도 밝혀야 하고, 지금까지 어떤 연구들이 진행되어 왔기 때문에 이 연구문제에 대한 답을 얻을 필요가 있는지를 보여 주어야 한다. 즉, 제3장 서론 쓰기에서 살펴본 바와 같이 '연구주제가 속하는 영역에 대한 진술로부터 넓게 시작해서 본인이 연구하려는 주제로 초점을 좁혀 나간다.'는 지침은 이론적 배경에서도 지켜야 하는 중요한 지침이다. 미국에서의 논문 작성법을 안내한 헤프너 박사 부부의 책에서는 이 과정을 '깔때기(funnel)'에 비유하고 있다. 마치 위가 넓고 아래가 좁은 깔때기 모양으로 자신의 연구문제가 포함된 큰 주제에서부터 출발하여 자신의 연구에 포함된 변인에 대한 가설에 이를 수 있도록 논리적으로 초점을 좁혀 가며 가설(또는 연구문제)을 소개하는 과정이 이론적 배경을 써나가는 과정이다.

이러한 주제에 초점 맞추기는 이미 연구의 필요성을 피력했던 서론을 통해 제시되었다. 따라서 이론적 배경은 그 논리를 그대로 가지고 와, 서론에서 충분히 제시하지 못한 근거들을 풍성하게 제시하는 부분이라는 점에서 서론을 확장하는 것이라고 할 수 있다.

1) 연구가설과 밀접히 관련된 정보 제시하기

이론적 배경에서 주제에 초점을 둔다는 것은 연구문제가 포함
된 영역에 대한 포괄적 내용부터 연구문제와 밀접히 관련된 개별
연구결과까지 모두 포함되어야 함을 의미한다. 이 중 어느 것이라
도 빠뜨리면 이론적 배경에 제시되어야 할 내용이 누락된 경우라
고 할 수 있다. 너무 넓은 주제에 대해서만 다루거나, 반대로 너무
유사한 선행연구만 정리한 경우가 여기에 속한다.

먼저, 학생들이 너무 넓은 주제에 대한 정리로만 이론적 배경을
구성하는 경우가 많은데, 이는 이론적 배경으로서의 가치가 떨어
진다고 할 수 있다. 학위논문을 작성하는 학생들이 가장 흔히 지
적받는 오류 중 하나는 자신의 연구에 포함된 변인에 대한 교과서
적 내용을 나열하는 식으로 이론적 배경을 구성하는 것이다. 따라
서 큰 개념에 대한 내용으로만 이론적 배경을 구성하지 말고, 연구
와 밀접히 관련되는 내용에 초점을 두고 이론적 배경을 써야 한다.

예를 들면, 연구주제가 아동의 학업적 자기효능감에 관한 것이
라면, 학업적 자기효능감보다 넓은 영역인 '자기효능감'으로부터
이론적 배경은 시작하게 될 것이다. 그다음으로 '학업적 자기효능
감', 그리고 '아동의 학업적 자기효능감'으로 점차적으로 초점을 좁
혀 나가면서 필요한 정보를 제시해야 한다. 밴듀라의 사회결정성
이론 중 '자기효능감'에 대한 내용으로만 이론적 배경을 구성한다
면 주제에 초점을 둔 이론적 배경이라고 할 수 없다.

다음으로 연구자가 설정한 가설(또는 연구문제)의 근거가 모두 포함되어야 한다. 대부분의 연구는 하나의 변인만을 다루기보다는, 2개 이상의 변인의 관계를 보거나 개인의 특성에 따른 어떤 심리적 구인의 차이를 본다. 이럴 경우 그 변인과의 관계에 대한 선행연구 또는 그 특성에 따른 차이에 대한 선행연구가 이론적 배경의 내용에 포함되어야 한다. 동일한 변인을 설정한 선행연구가 없다면, 두 관계를 논리적으로 추론할 수 있는 근거를 제시해야 한다.

'교사의 귀인피드백에 따른 아동의 학업적 자기효능감 변화'라는 주제로 논문을 쓴다면, 교사의 귀인피드백과 아동의 학업적 자기효능감이라는 두 변인 각각에 관한 선행연구도 제시되고, 귀인피드백과 자기효능감의 관계를 검토한 선행연구도 함께 이론적 배경에 포함되어야 하고, 후자가 중심이 되어야 할 것이다.

2) 좋은 논문 모델링하기

처음 논문을 쓰는 대학원생들의 경우 다른 논문을 참고하게 된다. 한 번도 논문을 써 본 적이 없는 사람이 무턱대고 자기 마음대로 글을 쓰기보다는 좋은 논문을 찾아 논문이라는 글을 쓰는 방법을 모델링하는 것은 바람직한 방법이다. 이때 어느 정도 참고할 것인가 그리고 어떤 문헌을 참고할 것인가 등 유의해야 할 사항들을 살펴보면 다음과 같다.

먼저, 이론적 배경은 다른 논문을 참고하여 그 형식이나 내용을 그대로 가져와 쓰는 경우가 많다. 특히 동일한 연구문제를 가지고 대상을 달리할 경우 이론적 배경을 통째로 옮겨 오는 경우도 있는데, 이것은 연구윤리에도 어긋나는 '표절'로 절대로 해서는 안된다. 달라진 대상에서도 같은 관계가 나타나는가를 알아보기 위한 것이라면, 그 차이가 예상되는 근거가 이론적 배경의 중심이 된다.

예를 들어, 연구주제가 '공격성과 자기존중감의 관계'인데, 이미 청소년을 대상으로 했던 연구가 있다면, 대상을 아동으로 하여 반복연구를 할 수 있다. 이 경우 이론적 배경의 초점은 공격성과 자기존중감의 관계에서 '청소년과 아동의 차이'로 옮겨 가야 한다. 청소년 대상으로 진행된 '공격성과 자기존중감의 관계'라는 연구의 이론적 배경을 그대로 가져온다면 새로운 연구로서의 가치가 없음을 인정하는 것이다. 따라서 이 경우 공격성과 자기존중감의 관계가 청소년과 아동에서 차이가 날 수 있다는 것을 뒷받침할 수 있는 이론이나 선행연구가 이론적 배경의 중심이 되어야 한다.

다음으로, 어떤 논문을 모델로 삼을 것인가에 대해 주의를 기울여야 한다. 유사하거나 동일한 변인을 포함한 연구에 국한하여 모델을 찾을 경우 좋은 모델을 찾기 어려울 수 있다. 이론적 배경에 어떤 내용을 담아야 하는지를 참고하고 싶다면 변인보다는 방법론 중심으로 유사한 연구를 찾아보는 것이 도움이 될 수 있기 때문이다.

연구주제가 '학업스트레스와 우울의 관계에서 리질리언스의 매개효과'라면, 학업스트레스, 우울, 리질리언스의 관계를 탐색한 연구들을 중심으로 참고할 만한 논문을 찾아보는 것과 함께 매개효과를 검증한 연구물도 참고하는 것이 좋다.

무엇보다 이론적 배경을 쓸 때 참고하면 좋은 선행연구는 이론
적 배경을 잘 쓴 논문이다. 전체적으로 연구가 얼마나 우수한가보
다 이론적 배경을 얼마나 잘 썼는지 확인하는 것이 필요하다. 잘
쓴 이론적 배경은 스스로 읽어 보았을 때 쉽게 읽히고 수긍이 가는
것이다. 이를 위해 가능한 한 많은 논문의 이론적 배경을 읽어 보
는 것을 권한다. 서론으로 돌아가 연구문제를 확인하지 않더라도
어떤 것을 밝히고 싶은 연구라는 것을 알 수 있도록 쓴 이론적 배
경이라면 좋은 모델이 될 수 있다. 이해하기 너무 어렵거나 무슨
연구를 하겠다는 것인지 파악이 안 된다면 참고할 만한 논문이라
고 보기 어렵다.

3 어떻게 제시할 것인가: 선행연구 구조화하기

학위논문의 전체 내용 가운데 가장 많은 분량을 차지하는 부분
이 이론적 배경인 경우가 많다. 그만큼 이론적 배경에 담아내야
할 내용이 많은데, 내용이 많기 때문에 많은 내용을 어떤 순서로
어떻게 제시할 것인지에 대한 계획이 필요하다.

1) 목차 만들기

제3장 서론 쓰기에서 '연구 필요성을 진술하기 위한 개요를 만
들어서 개요에 따라 진술하면 효과적이다.'라고 배웠다. 이론적
배경에서는 이 개요를 중심으로 절과 소절로 구성된 목차를 미리

만드는 것이 좋다.

목차를 어떤 논리적 순서로 구성할 것인가에 대해서는 연구가 어떤 연구인가에 따라 달라질 수 있다. 일반적으로 두 변인의 관계에 관한 연구라면 연구자가 연구의 필요성에서 처음 제기했던 '좀 더 관심 있는 변인'을 소개하는 것에서부터 시작할 수 있을 것이다. 집단 간 차이를 확인하는 연구라면, 해당 변인을 소개하면서 각 집단의 특성에 대해 소개하고 변인과의 관련성에 관한 선행연구를 제시할 것이다. 최근 학위논문에서 증가하고 있는 매개효과를 알아보는 연구라면, 종속변인을 중심으로 각 변인들간의 인과관계를 제안한 이론적 모형 또는 인과관계를 검증한 선행연구가 정리되어야 한다. 다음은 매개효과를 분석한 학술지 게재 논문의 목차로 참고하기 바란다.

예 1

'중학생의 자기통제와 학업성취도의 관계: 학습된 무기력과 학습전략의 매개효과'(여태철, 임효진, 황매향, 2017)라는 연구의 이론적 배경의 목차 구성을 보면 다음과 같다.

1. 학업성취도 결정 요인
2. 자기통제와 학업성취
3. 학습된 무기력과 학업성취
4. 학습전략과 학업성취
5. 연구모형 관련 선행연구

2) 각 절에 선행연구 배치하기

절(또는 소절)로 구성된 목차를 정했다면, 각 절에 어떤 선행연구를 포함시켜 정리할 것인지 정해야 한다. 지금까지 탐색한 선행연구의 각 내용을 절에 배치하는 과정에서, 선행연구를 더 탐색해야 할 경우도 있다. 그런가 하면 절이나 소절의 구성을 변경해야 할 경우도 있다. 이런 것이 바로 이론적 배경을 쓰는 자연스러운 과정이다. 어느 쪽이든 기꺼이 해 보아야 한다. 때로는 두 가지 이상의 목차안을 설정하여 선행연구를 배치해 보면서 가장 좋은 목차를 결정하기도 한다.

선행연구를 배치하는 과정에서 하나의 소절에 들어갈 내용이 너무 많다는 것을 발견할 수도 있다. 그럴 경우 새로운 소절을 만들 수도 있고, 하나의 소절 제목 아래 모든 것을 나열하기보다는 하위항목으로 분류하여 제시할 수도 있다. 앞서 예로 든 목차에서 '학업성취도 결정 요인'이라는 절 아래 '개인내적 변인'이라는 소절을 만들 수 있고, 더 세부적으로 '지능' '학습동기' '학습전략' 등 항목을 만들어 제시할 수도 있다.

이러한 과정이 순조롭게 진행되기 위해서는 선행연구가 잘 정리되어 있어야 한다. 이를 위해 가능한 한 자신이 찾은 선행연구를 하나의 장소에 두는 것이 필요하다. 그리고 각 문헌의 내용 전체를 다시 읽으려면 시간이 많이 걸리기 때문에 요약본을 미리 준비해 두는 것이 좋고, 미리 유사한 논문끼리 묶어서 분류해 두어야 한다.

4 어떻게 표현할 것인가: 연구자의 말로 재구성하기

이론적 배경은 연구주제에 대한 근거를 제시하는 부분으로 이론이나 선행연구의 내용이 중심이 된다. 그에 따라 이론적 배경은 논문에서 연구자의 말이 가장 적게 포함되는 부분일 수 있다. 그러나 그렇다고 해서 이론이나 선행연구에 기술된 내용을 그대로 옮겨 적는 것은 바람직하지 않다. 논문은 연구자의 창작물로서, 여러 선행연구를 근거로 제시한다고 해도 그 내용에서는 연구자의 독창성이 드러나야 한다. 이와 관련해 초보자들이 유의해야 할 사항을 살펴보면 다음과 같다.

1) 선행연구 나열하지 않기

학위논문을 준비하는 대학원생들이 가장 많이 지적받는 글쓰기 중 하나는 관련 선행연구의 요약문을 차례로 나열하는 것이다. 예를 들면, '학습부진학생의 유형화와 관련하여 지금까지 진행된 연구는 다음과 같다.'라고 적고 자신이 찾았던 연구를 하나씩 요약해 제시하는 것이다. 이것은 이론적 배경을 쓰기 위해 선행연구를 요약하고 정리할 때의 과정이고, 그 내용을 종합하고 분석하여 자신의 논리를 만들어 새로운 글을 써야 한다. 즉, 선행연구를 개별적으로 나열하지 말고 연구자의 관점으로 정리해서 제시해야 한다.

선행연구를 단순히 나열하는 것이 아니라 종합적으로 정리한 다음 예시를 참고하기 바란다. 또한 여러 내용의 공통점과 차이점을 한눈에 알아볼 수 있도록 표나 그래프로 정리해 제시할 수도 있다.

예 **2**

다음은 '학습부진학생 유형화 탐색: 학습동기와 자기통제성을 중심으로'라는 연구의 이론적 배경 중 일부를 발췌한 것이다. 이 연구에서 참고한 개별 논문의 내용을 3~4줄 정도씩 요약하여 나열만 한 것과 아래와 같이 정리한 것은 다르다는 것을 보여 준다.

"학업문제를 유형화하려는 노력은 학업성취 결정요인을 중심으로 논리적으로 유형을 도출하고 그 유형의 존재를 확인하는 방법(예, 박병량, 이영신, 조시화, 1980; 서병완, 1983)에서 학생들이 호소하는 학업에서의 어려움의 공통점을 요약하여 문제를 제시하는 방식으로 발전해 오고 있다(예, 김창대 외, 1994; 김태성 외, 2001; 신을진, 2005; 이대식 외, 2010; 홍경자 외, 2002; 황매향, 2009). 박병량, 이영신, 조시화(1980)의 '학습부진아 유형 분석에 관한 기초 연구'는 학업성취 관련변인에 관한 종합적인 분석을 시도하고, 이를 근간으로 학습부진의 서로 다른 유형을 제안하는 우리나라 연구의 출발이라고 할 수 있다. 그러나 우리나라의 연구나 논의가 아직 부족한 상태였기 때문에 주로 미국의 연구에 의존하고 있고, 연구의 틀은 Bloom(1976)의 모형에 의존하고 있다. 이에 비해 서병완(1983)은 우리나라 학습부진아로부터 직접 얻어 낸 학습부진 요인에 근거하여 학습부진 진단검사를 제작하고, 이에 따라 유형별 학습부진아 지도에 적합한 상담프로그램과 학습활동지도 프로그램을 개발하였다."

이와 같이 선행연구를 논리적으로 잘 조직하기 위해서는 연구자에게 자신만의 논리가 있어야 한다. 이미 목차를 구성할 때부터 논리가 서 있어야 하고, 절이나 소절을 구성하기 위해 더 세부적인 논리가 필요하다. 자신만의 논리를 세우기 위해서는 가만히 앉아서 생각하기보다는 각 소절에 배치된 선행연구의 요약본을 가지고 여러 가지 논리를 만들어 보는 것이 효과적이다.

2) 단락과 단락을 이어 주는 말 추가하기

연구자는 자신의 연구이기 때문에 어떤 내용이 왜 필요하고 다른 내용과 어떻게 관련되는지 잘 알고 있다. 그래서 독자의 입장을 생각하지 않고 필요한 정보만을 차례로 제시하는 오류를 자주 범한다. 연구자가 독자에게 어떤 이야기를 하고 있는지 친절하게 안내하는 도입문과 연결문장을 작성해 논문의 가독성을 높일 수 있다.

모든 장이나 절의 앞에는 그 장이나 절에서 무엇을 다룰 것인지를 안내하는 도입문을 써야 하고, 새로운 내용으로 구성된 단락과 단락 사이에는 서로 관련성을 알 수 있도록 내용을 연결해 주는 문장이 필요하다. 특히 이론적 배경에는 여러 가지 다양한 정보가 제시되기 때문에 각 정보가 왜 필요한지, 이미 제시된 정보와는 어떤 관련이 있는지, 앞으로 제시될 내용과는 어떤 관련이 있는지 등에 대해 안내해야 한다.

처음부터 도입문과 연결문장을 쓰면서 글을 쓰기가 어렵다면, 필요한 정보를 각 절과 소절에 기술한 다음 도입문과 연결문장을 추가할 수 있다. 요즘은 컴퓨터를 이용해 문서를 작성하기 때문에 자신의 글을 읽어 나가면서 빠진 도입문과 연결문장을 편리하게 추가할 수 있다.

3) 인용규칙 지키기

선행연구를 인용할 때는 인용의 규칙을 반드시 지켜야 한다. 인용은 연구윤리에서 가장 중요한 문제로, 이미 제2장에서 학습한 내용이다. 이 부분에 대해 아직 잘 모르고 있다면 제2장으로 돌아가서 '연구결과의 보고' 항목을 다시 공부하기 바란다.

학위논문을 비롯한 모든 학술논문은 글쓰기 규칙을 잘 지켜 써야 하는 글이다. 학위논문의 경우 자신이 소속한 대학원에서 제공하는 '학위논문 작성 지침'에 인용에 대한 원칙을 따르면 된다. 여기에서는 일반적으로 통용되는 인용 지침을 정리하였다. 문장부호와 같이 세밀한 부분까지 지켜 인용을 해야 한다는 점도 포함되니 잘 지켜야 한다.

문헌 인용에서 지켜야 할 사소한 것들, 그러나 꼭 지켜야 한다!

- 연구자의 이름으로 시작해 인용할 경우 연구자명(한국인은 성과 이름 모두, **외국인의 경우 성만**)을 쓰고 그 옆에 괄호를 하여 연구물의 연도를 기제한다.
  예) 김계현(1995)은 전통적으로 상담 관련 교과서들이 인간의 인지, 행동, 감정에……
- 한 연구자의 두 연구를 동시에 인용할 때 **쉼표(,)**로 구분하고 연도를 순서대로 적는다.
  예) Gottfredson(1981, 1996)이 타협에 관한 이론을 제안한 후 타협과정에 관한……

- 두 명 이상의 연구자의 연구물의 경우는 제일 마지막 저자 앞에 **와 (과)**를 넣는다.

  예) Hesketh, Elmslie와 Kaldor(1990)의 연구에서도 흥미가 어떤 측면보다도

- 연구자가 3명 이상인 연구물의 경우는 "제1저자 등(연도)"으로 표시할 수 있다.

  예) Ginzberg, Ginsburg, Axelrad와 Herma(1951)가 그 개념을 제시한 이후 또는 Ginzberg 등(1951)이 그 개념을 제시한 이후……

- 인용문 마지막에 연구자 또는 저자의 이름을 쓸 경우 인용 마지막에 괄호를 하고 저자명, 연도를 쓴 다음 **괄호 밖에 마침표를 한다.**

  예) 어느 한 대학의 조사에 의하면, 2001년 신입생 중 33%만이 학과를 결정할 때 자신의 적성을 가장 중요하게 고려했다고 응답하였다(서울대학교 학생생활연구소, 2001).

- 2명 이상의 외국 저자가 쓴 연구를 인용할 때는 마지막 저자 앞에 **"&"**를 쓴다.

  예) 이러한 가정들을 검증하기 위한 경험적 연구들이 줄을 이었다 (Hesketh, Elmslie, & Kaldor, 1990).

- 한 문장에서 여러 문헌을 인용한 경우 **제1저자의 알파벳 순서**로 나열하고, 연구와 연구 사이는 **세미콜론(;)**으로 연결한다.

  예) 서구에서는 진로의사결정에서 타협과정의 중요성에 대해 오래전부터 논의되어 오고 있다(Gati, 1993; Ginzberg, Ginsburg, Axelrad & Herma, 1951; Gottfredson, 1996; Pryor, 1987; Super, 1953).

- 저자가 3명 이상일 경우 한국 연구물의 경우 "제1저자 외(연도)" 외국연구물의 경우 "제1저자 et al.(연도)"로 표시할 수 있다.

  예) 한 조사연구에서 63.6%의 학생들이 자신이 원하는 직업준비가 가능한 학과를 선택할 예정이라고 응답하였다(한상근 외, 2001). 서구에서는 진로의사결정에서 타협과정의 중요성에 대해 오래전부터 논의되어 오고 있다(Gati, 1993; Ginzberg et al., 1951; Gottfredson, 1996; Pryor, 1987; Super, 1953).

- 연구자가 쓴 내용을 그대로 옮겨 와 인용할 경우 정확한 페이지를
표시하여 인용한다. 페이지는 연도 다음 콜론을 표시한 다음 제시
한다.
  예) Bandura(1977: 8)는 자기효능감은 네 가지 정보원에 근거하여
  형성된다고 제안한다: 성취경험([performance accomplishment);
  대리경험(vicarious experiences); 언어적 설득(verbal persuasion);
  정서적 상태(emotional arousal).

제5장 연구방법 I : 양적 연구

이 장에서는 연구대상, 측정도구, 연구절차 및 분석방법에 대해 알아본다. 연구방법에 따른 적절한 표집의 크기나 표집의 방법을 알아보고, 설문지나 검사지를 정하는 방법, 신뢰도나 타당도의 분석 및 제시방법, 그리고 상담연구에서 흔히 사용되는 대표적 통계 방법에 대해서도 알아볼 것이다.

1 연구대상

연구를 할 때는 항상 누구를 연구할 것이지, 그 대상을 염두에 둘 필요가 있다. 연구대상(subject, participant)은 연구에 참여하는 사람으로서 연구결과의 산출에 결정적인 역할을 하는데, 어떤 연구방법을 사용할 것인지에 따라 연구대상의 선정 방법이 달라진다.

1) 표본의 크기

표본의 크기를 어느 정도로 하는 것이 좋은가에 대한 절대적인 기준이 있는 것은 아니지만 Gall, Gall과 Borg(2003)는 상관연구에서는 전통적으로 최소한 30명 이상의 연구대상이 필요하고, 비교-실험연구의 경우 비교되는 각 집단마다 최소한 15명 이상의 피험자가 있어야 하며, 조사연구에서는 피험자 수가 각 하위그룹별로 20~50명씩 최소한 100명 이상은 되어야 한다고 제시하고 있다(성태제, 시기자, 2006, 재인용).

상담연구에서 이루어지는 실험연구의 경우, 집단상담의 적용을 통한 실험집단과 통제집단의 실험처치 효과 비교가 많은데, 효율적인 상담의 진행을 위해 집단별로 8~12명의 소집단을 구성하기도 하고, 학급단위 상담의 경우 실험집단과 통제집단이 각각 20~30명 정도로 구성되기도 한다. 조사연구는 연구결과의 일반화에 목적이 있는데, 이를 위해서는 300명 내외의 표본을 선정하도록 권장하고 있다.

2) 연구대상 선정의 이유

연구대상 선정은 연구의 목적에 부합되게 이루어져야 한다. 이를 위해서는 연구대상의 선정이 연구목적에 맞게 이루어졌는지에 대한 기술이 필요하다. 그리고 연구대상의 연령이나 학령이 연구주제에 적합한 시기임을 언급하는 것도 좋다.

예 1

　　노윤란(2013)의 연구에서는, "이 시기(초등학교 5, 6학년)의 아동을 연구대상으로 선정한 이유는 이 시기 쯤에 교우관계가 비교적 고정되고 확고해지며(Perry, Kusel, & Perry, 1988) 자신을 객관적으로 평가할 수 있는 능력을 가지는 연령이 10세 이후이기(Mussen, 1984) 때문이다."라고 기술하고 있다.

3) 연구대상의 기술 방식

　　연구대상에 대해 기술할 때는 어떤 방식에 의해 연구대상이 선정되었는지를 비교적 상세하게 기술해 주는 것이 좋다. 일반적으로 실험연구의 경우에는 무선할당의 방법을 사용하고, 조사연구의 경우는 일반화를 목적으로 하기 때문에 그러한 목적에 타당한 표집방법을 사용하는 것이 좋다. 그러나 실제로 연구할 때 현실적으로 모집단을 대표하는 표본을 추출하는 데는 많은 어려움과 제약이 따르므로 표집의 타당성에 한계가 많은데, 그럼에도 불구하고 표집 절차를 상세히 설명해 주는 것이 좋다.

　　이어서 연구대상의 신상정보나 그 속성에 대해 기술해야 하는데, 신상정보의 경우는 독자들이 일목요연하게 볼 수 있도록 표로 제시해 주는 것이 좋다. 연구대상의 선정 시 제2장에서 제시한 연구윤리를 준수하는 것이 필수적인데, 특히 연구대상 아동뿐 아니라 아동의 교사나 부모에게 연구참여에 대한 동의를 구하는 것이 연구과정에서 필수사항이 되고 있는 추세다.

2 측정도구

논문을 쓸 때 연구결과의 분석에 필요한 자료를 얻기 위해서는 연구대상의 속성을 측정하는 도구가 필요하다. 측정도구로는 일반적으로 표준화된 심리검사나 설문지가 사용되는 경우가 많은데, 측정도구 부분에서는 검사의 이름이나 목적, 특성, 문항 수 그리고 타당도와 신뢰도 등의 정보를 제시해 주어야 한다.

1) 측정도구의 선정

측정도구는 연구주제나 연구의 목적에 맞는 것을 선정해야 한다. 연구자가 택한 연구주제와 관련되는 선행연구의 개관을 통해서 해당 연구주제와 부합되는 검사나 설문지를 택해야 한다. 표준화검사는 상업화된 것이 많아 검사개발 관련 기관으로부터 구입해서 사용해야 하고, 설문지는 기존의 연구들을 개관하는 것을 통해 구할 수 있다.

연구주제에 부합하는 측정도구가 없을 경우에는 검사개발의 절차에 맞춰 검사를 개발해야 한다. 그러나 검사개발 및 타당화가 연구의 목적이 아니라면 기존에 개발된 검사나 설문지를 그대로 사용하는 것이 좋고, 측정도구가 오래된 것이어서 문항내용이 현실적이지 않거나 연구대상에 적합한 용어로 기술된 도구가 아니라면 전문가의 조언이나 의견을 바탕으로 수정 · 보완해서 사용할 수도 있다.

측정도구의 선정 시 유의할 점은 이론적 배경의 선행연구의 개관에서 다룬 연구주제 또는 변인의 설명과 유관하게 만들어진 측정도구를 선정해야 한다는 점이다. 예를 들어, 이론적 배경에서는 성격유형론에 대해서만 개관해 놓고 측정도구는 성격특성론에 근거한 것을 사용한다면 이론적 배경과 측정도구가 일관성이 없게 된다.

2) 측정도구에 대한 기술

측정도구에 대해 기술할 때는 측정도구의 목적, 특성, 문항 수, 그리고 타당도와 신뢰도에 대한 정보를 제시해야 한다. 측정도구의 목적은 검사나 설문지가 측정하고자 하는 연구대상의 속성이 무엇인지를 밝히는 것이다. 측정도구가 몇 개의 하위요인으로 구성되어 있다면 하위요인이 의미하는 바를 기술함으로써 하위요인이 측정하는 것이 무엇인지를 밝히는 것도 필요하다.

측정도구의 특성에서는 도구의 각 문항이 어떤 척도(3점 척도, 5점 척도 등)로 구성되어 있는지를 밝히고 역채점 문항은 무엇이며 문항점수나 총점에서 높은 점수가 갖는 의미가 무엇인지를 제시해야 한다. 그리고 하위요인에 해당하는 문항번호와 문항 수까지 표로 제시해 주면 일목요연하게 볼 수 있다.

예 2

윤경미와 여태철(2013)의 연구에서는, "최윤정과 김성회(2008)가 개발한 초등학교 고학년용 학업적 지연행동 척도를 사용하였다. 이 척도는 총 33문항으로 학업적 지연행동을 행동적 요인, 인지적 요인, 정서적 요인의 세 차원으로 나누었으며 각각 12문항, 13문항, 8문항으로 구성되어 있다. 자기보고식 검사이고 5점 척도로 이루어져 있다."라고 기술하고 있다.

3) 측정도구의 양호도

측정도구의 양호도에는 타당도와 신뢰도가 있다. 타당도를 추정하는 방법에는 여러 가지가 있을 수 있으나, 구인타당도를 보고하는 경우가 많다. 구인타당도는 측정도구의 하위요인 간 상관이나 요인분석을 통해 추정할 수 있다.

신뢰도의 경우, 그 추정방법이 몇 가지가 있지만 문항내적 합치도를 알아볼 수 있는 Cronbach's α(알파) 계수를 보고하는 경우가 많다. 표준화 심리검사의 경우에는 사용설명서에 제시된 신뢰도나 타당도를 그대로 보고해 주면 되지만, 설문지의 경우에는 본인이 수행한 연구의 신뢰도뿐 아니라 연구자가 참조했던 연구에서 보고된 신뢰도를 같이 보고하는 것이 좋다.

예 3

신뢰도 보고는 다음과 같이 할 수 있으며, 측정도구의 문항 수, 하위요인에 해당하는 문항번호, 신뢰도 등을 표로 제시해 주면 독자들이 일목요연하게 볼 수 있다.

이 연구에서의 사회적 자본 측정도구는 ○○○(2011)이 제작한 설문지를 사용하였다. ○○○이 사용한 설문지의 Cronbach's α는 .757~.875의 수준을 보였다. 이 연구에서는 .744~.911의 신뢰도를 보였고, 전체 신뢰도는

.908이었다. 사회적 자본 측정도구의 하위요인별 해당 문항과 신뢰도는 〈표 5-1〉과 같다.

〈표 5-1〉 사회적 자본 측정도구의 하위요인별 문항과 신뢰도

하위요인	요인설명	문항번호	Cronbach's α
대인관계		1, 2, 3, 4*	.855
부모관계		10~16	.911
관 계 망		17~22	.744
사회적 자본			.908

*표시는 역채점 문항임

3 연구절차

연구절차에서는 연구대상이 선정된 후 연구결과를 얻기 전까지 일어나는 모든 연구과정을 단계적으로 기술해야 한다. 여기서는 상담전공에서 주로 많이 사용하는 실험연구와 조사연구의 절차에 대해 소개하기로 한다.

1) 실험연구에서의 연구절차

실험연구는 실험에 동원되는 집단의 수나 검사의 실시 횟수에 따라 다양하게 이루어진다. 이를 실험설계라고 하는데, 가장 전형적인 실험설계는 '전후검사 통제집단 설계'다. 이는 대체로 다음과 같은 절차를 밟게 된다.

① 가능한 한 무작위적으로 피험자를 표집한다.

② 피험자들을 실험집단과 통제집단에 무선적으로 배치한다.

③ 실험집단과 통제집단에 각각 사전검사를 실시한다.

④ 실험집단에 실험처치를 가하고, 통제집단에는 실험처치를 주지 않는다. 이 밖의 모든 조건에서는 두 집단이 동일하도록 조건을 통제한다.

⑤ 실험처치를 끝마친 다음 실험집단과 통제집단에 각각 사후검사를 실시한다.

⑥ 알맞은 통계적 방법을 사용하여 두 집단을 비교하면서 실험처치의 효과를 평가한다.

앞의 여섯 절차 중에서 ⑤번까지의 절차를 비교적 상세하게 기록하여야 하는데, 특히 실험집단과 통제집단을 결정한 후 두 집단에게 다른 처치를 가했다면 어떤 처치를, 얼마 동안, 어떤 방법으로 가했는지를 구체적으로 기술하여야 한다.

예 4

실험연구에서 연구절차를 기술한 예는 다음과 같다. "K초등학교 5학년 6개 학급아동을 대상으로 생활만족도 검사를 실시하였고, 검사 결과 동질집단으로 볼 수 있는 2개 학급을 선정하여 한 학급은 실험집단, 다른 학급은 통제집단으로 구분하였다. 실험집단에게는 5주 동안 1주에 2회기씩 총 10회기의 학급단위 집단상담 프로그램을 적용하였고, 통제집단에게는 아무런 처치를 가하지 않았다. 처치가 끝난 후 실험집단과 통제집단의 학급을 대상으로 사전검사와 동일한 사후검사를 실시하였다."

예 5

가장 전형적인 실험설계인 "전후검사 통제집단 설계"의 경우 [그림 5-1]과 같이 연구절차를 그림으로 표시해 주는 경우가 많다.

실험집단	O_1	X	O_2
통제집단	O_3		O_4

O_1, O_3: 사전검사,   X: 실험처치, O_2, O_4: 사후검사

[그림 5-1] 실험절차

2) 조사연구에서의 연구절차

조사연구는 대부분 설문지를 통해서 이루어지는 경우가 많다. 설문지를 사용한 조사연구의 일반적인 연구절차는, 연구목적을 구체화하고, 연구대상을 선정하고 표집방법을 규명하고, 안내문을 작성하고, 설문지를 제작하고, 사전연구를 실시하고, 설문지를 수집하여 분석하고, 표본을 추출하고, 설문지를 발송하여 우편으로 실시하거나 연구대상자에게 직접 방문하여 실시하고, 응답자료를 수합하여 분석하는 순서로 이루어진다(성태제, 시기자, 2006).

앞의 연구절차 중 기존에 제작된 설문지를 그대로 활용하는 경우에는 설문지 제작과 사전연구의 실시는 생략해도 된다. 그 외의 다른 절차에 대해서는 어떤 설문지를 사용하여 어떤 방법으로 연구대상자에게 실시하고 회수하며, 어떤 절차에 의하여 자료를 분석할 것인지를 기술하여야 한다.

예 6

조사연구에서 연구절차를 기술한 예는 다음과 같다. "본 조사는 20××년 10월 11일부터 2주에 걸쳐 경기, 인천 지역의 5개 학교의 5학년 아동 300명을 대상으로 이루어졌다. 각 학급의 담임교사에게 연구의 목적, 질문지의 내용, 질문지 배포와 시행에서의 유의점, 수거 및 회송 요령에 대해서 자세하게 안내하였다. 담임교사의 감독 하에 설문이 이루어졌으며, 설문 응답시간은 20분 정도 소요되었다."

4 분석방법

서론 부분에서 연구문제나 연구가설이 서술되었으면 그에 대한 해답을 얻기 위하여 어떤 자료 분석방법을 사용할 것인지를 결정해야 한다. 여기서는 몇 가지 분석방법에 대해 소개하고, SPSS Win 프로그램과 Jamovi에서 자료 분석을 수행하는 과정을 예로 들어 소개하기로 한다.

1) 분석방법의 기술

연구계획서를 작성할 때나 실제 논문을 작성할 때는 분석방법을 반드시 제시해야 한다. 연구계획서 발표 시 자료 분석방법을 제시하면 지도교수나 지도위원들이 그 분석방법이 타당한지를 조언해 줄 수 있다. 논문심사를 맡은 심사위원의 입장에서도 분석방법이 명시되어야만 정확한 분석방법을 사용하였는지 확인할 수 있을 뿐 아니라 그 분석방법대로 연구결과가 제시되고 있는지도 확인할 수 있다. 분석방법을 기술할 때는 간략하게 연구의 목적을 한 문장 정도 기술하고, 연구문제 또는 연구가설별로 어떤 분석방법을 사용할 것인지를 제시하는 것이 좋다.

예 7

　　윤경미, 여태철(2013)의 연구에서는 "자료 분석을 위해 SPSS 18.0 프로그램을 사용하였고, 초등학교 고학년 아동이 지각한 어머니의 양육태도, 다차원적 완벽주의 성향, 학업적 지연행동의 관계는 어떠한지 알아보기 위해 상관분석을 실시하였다. 그리고 초등학교 고학년 아동이 지각한 어머니의 양육태도와 학업적 지연행동 간의 관계에서 다차원적 완벽주의 성향의 매개효과를 알아보기 위해 Baron과 Kenny(1986)가 제안한 절차에 따라 위계적 회귀분석을 실시하였다."라고 기술하고 있다.

Q & A

"분석방법 부분을 기술할 때, 해당 연구에서 사용한 분석방법을 다 기록해야 하는가?"

　　분석방법을 기술할 때는 논문에서 사용하는 분석방법을 모두 다 기록하기보다는 연구문제 또는 연구가설에 따른 분석방법만을 기록하는 것이 좋다. 응답자의 인적사항을 알아보기 위한 빈도분석, 자료의 기초통계치를 알아보기 위한 기술분석 그리고 신뢰도를 산출하기 위한 방법 등까지 기술하는 경우가 있는데, 이러한 분석이 연구문제를 해결하는 데 직접적인 관련이 없다면 기술하지 않아도 된다. 대신 연구문제가 제시된 순서에 따라 그에 맞는 분석방법을 기술하는 것이 좋다.

2) SPSS Win을 이용한 자료 분석 수행

통계분석을 위해 SPSS Win을 이용하기 위해서는 먼저 자료를 입력해야 한다. 자료입력은 한글프로그램이나 엑셀프로그램을 이용할 수도 있고, SPSS 프로그램에서 직접 입력할 수도 있다. 한글프로그램이나 엑셀프로그램을 이용해서 자료를 입력했을 경우에는 간단한 변환과정을 통해 SPSS에서 사용할 수 있는 데이터로 바꿀 수 있으므로 어떤 입력방법을 사용해도 무방하다. 자료를 입력하고 저장하는 방법은 SPSS 매뉴얼을 참조하기 바란다. 여기서는 상담연구에서 많이 활용되는 자료 분석에 대해 실제 예시를 들고자 한다.

■ 기술통계분석

기술통계분석은 변수의 평균, 표준편차, 최소값, 최대값 등을 구하기 위한 것이다. 기술통계분석을 위해서는 자료 파일을 연 상태에서 분석 메뉴에서 기술통계량 → 기술통계 를 선택하면 된다 ([그림 5-2] 참조). 빈도분석이 필요한 경우에는 빈도분석 을 선택하면 된다.

[그림 5-2] 기술통계분석 화면 예시

    다음으로 기술통계분석을 위한 대화상자의 변수목록에서 분석할 변수를 선택하고([그림 5-3] 참조), ▮ 옵션 ▮을 눌러 필요한 기술통계값을 선택한 후 ▮ 계속 ▮을 누른다([그림 5-4] 참조).

[그림 5-3] 기술통계 대화상자 예시

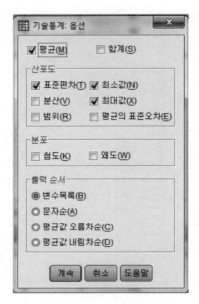

[그림 5-4] 기술통계 옵션 예시

옵션 상자에서 ▐ 계속 ▐을 누르면 [그림 5-3]의 화면으로 돌아가게 되는데, 이때 ▐ 확인 ▐을 누르면 원하는 통계값을 얻을 수 있다.

■ 신뢰도 분석

앞의 측정도구 부분에서 설문지를 사용할 경우 신뢰도를 새로 산출할 필요가 있다고 밝혔는데, 이때 가장 많이 활용하는 신뢰도 추정값은 Cronbach의 α(알파) 계수다. 신뢰도 분석을 위해서는 분석 메뉴에서 ▐ 척도분석 ▐ → ▐ 신뢰도 분석 ▐을 선택하면 된다([그림 5-5] 참조).

[그림 5 - 5] 신뢰도 분석 화면 예시

　다음으로 신뢰도 분석을 위한 대화상자의 변수목록에서 분석할 변수를 선택해야 한다. 설문지의 전체 신뢰도를 구할 경우에는 해당문항 전체를 택해서 오른쪽 항목 창으로 옮기고, 하위요인의 신뢰도를 구할 경우에는 해당 문항만을 오른쪽 항목 창으로 옮기면 된다(그림 5-6] 참조). 신뢰도만을 구하고 싶으면 이 단계에서 　확인　을 누르면 된다. 추가적인 　통계량　이 필요하다면 통계값을 눌러서 필요한 통계값을 구할 수 있다.

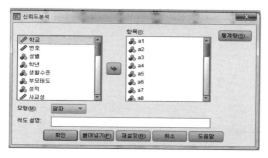

[그림 5 - 6] 신뢰도 분석 대화상자 예시

■ 카이제곱 교차분석

교차분석은 두 변인 모두 범주변수(명명척도 또는 서열척도)일 경우 변인들에 대한 케이스들의 교차빈도에 대한 기술통계량을 제공해 줄 뿐만 아니라, 교차빈도에 대한 통계적 유의성을 검정해 주는 통계분석 기법이다. 특히 교차분석 기법 중 주로 카이제곱 (χ^2) 교차분석 기법을 사용한다. 예를 들어, 성별(명명척도)에 따라 부모의 양육유형(명명척도)에 차이가 있는지를 알아보려는 연구에서 카이제곱 교차분석을 통해 통계적 유의성이 있는 것으로 나타나면, 성별에 따른 부모의 양육유형에는 차이가 있는 것으로 해석할 수 있다. 카이제곱 교차분석을 위해서는 분석 메뉴에서 기술통계량 → 교차분석 을 선택하면 된다([그림 5-7] 참조).

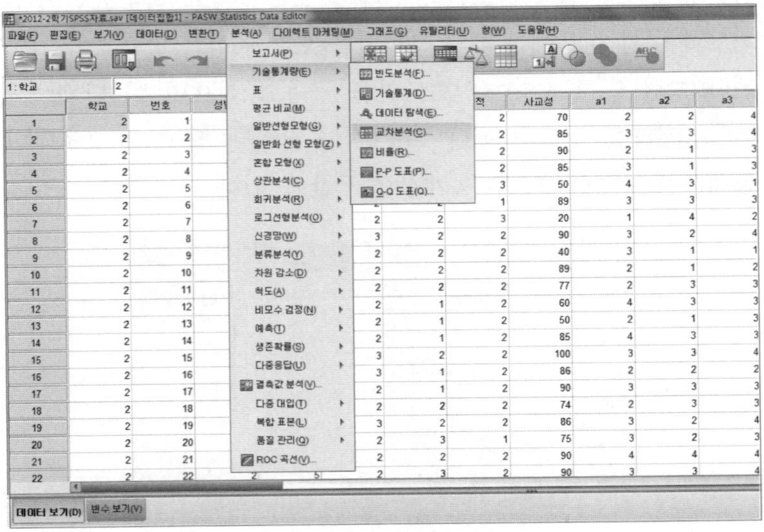

[그림 5-7] 교차분석 화면 예시

다음으로 교차분석을 위한 대화상자의 변수목록에서 분석할 변수를 선택하는데, [그림 5-8]의 화면의 예시에서 생활수준에 따라 성적에 차이가 있는지를 교차분석을 통해 알고 싶으면 생활수준을 행으로, 성적을 열로 옮기면 된다. 그리고 카이제곱(χ^2)값을 구하기 위해서 　통계량　을 선택하면 된다.

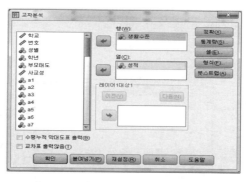

[그림 5-8] 교차분석 대화상자 예시

[그림 5-8]에서 　통계량　을 선택하면 [그림 5-9]가 나타나는데 여기서 "카이제곱"을 클릭한 후 　계속　을 선택하면 [그림 5-8]로 돌아가게 된다. 다음으로 [그림 5-8]에서 　셀　을 선택한다.

[그림 5-9] 교차분석 통계량 화면 예시

[그림 5-8]에서 █████셀████ 을 선택하면, [그림 5-10]이 나타나
는데, "관측빈도"와 "행"을 클릭하고서 ████계속████ 을 선택한다.
[그림 5-8]의 화면 예시에서 성적에 따라 생활수준에 차이가 있는
지를 알고 싶으면 "행" 대신 "열"을 선택하면 된다. ████계속████ 을
선택하면 다시 [그림 5-8]이 나타나고 거기서 ████확인████ 을 선택
하면 원하는 통계값을 얻을 수 있다.

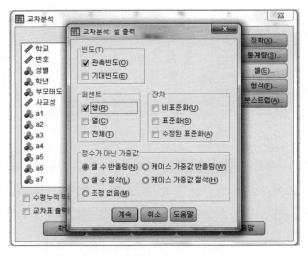

[그림 5-10] 교차분석 셀 화면 예시

■ **독립표본 T-검정**

실험연구를 수행할 때 가장 많이 활용하는 방법 중의 하나가 독
립표본 T-검정이다. 독립표본 T-검정은 실험집단과 통제집단 간
에 변수평균에 통계적으로 차이가 있는지를 알아보기 위한 분석방
법이다. 독립표본 T-검정을 위해서는 분석 메뉴에서 ████평균비교████

→ 독립표본 T-검정 을 선택하면 된다([그림 5-11] 참조).

[그림 5-11] 독립표본 T-검정 화면 예시

　다음으로, 독립표본 T-검정을 위한 대화상자의 변수목록에서 분석할 변수를 선택하는데, 비교집단을 집단변수로, 비교하고자 하는 변수를 검정변수로 옮긴다([그림 5-12] 참조).

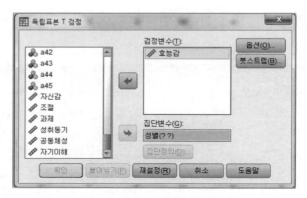

[그림 5-12] 독립표본 T-검정 대화상자 예시

　다음으로, 집단변수 아래의 변수(화면에서 "성별")를 누르면 아래
쪽의 집단정의가 활성화되는데, 집단정의 를 누르면 [그림 5-13]
이 나타난다. [그림 5-13]에서 지정값(보통 실험집단은 "1", 통제집
단은 "2"로 입력함)을 입력한 다음, 계속 을 누르면 [그림 5-
12]의 화면으로 돌아가게 되는데, 이때 확인 을 누르면 원하
는 통계값을 얻을 수 있다.

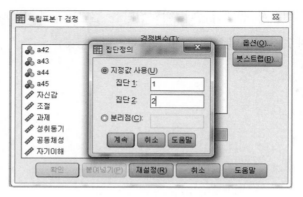

[그림 5-13] 집단정의 예시

■ 일원변량분석

평균비교 분석에서 비교하고자 하는 집단이 둘일 경우에는 위의 독립표본 T-검정을 사용하면 되지만, 세 집단 이상이 되면 두 집단씩 일일이 비교하는 것이 번거로울 수 있다. 세 집단 이상의 평균을 비교할 때 사용하는 방법이 일원변량분석이다. 일원변량분석을 위해서는 [그림 5-11]의 분석 메뉴에서 평균비교 → 일원배치 분산분석 을 선택하면 된다.

다음으로, 일원배치 분산분석을 위한 대화상자의 변수목록에서 분석할 변수를 선택하는데, 비교집단을 요인으로, 비교하고자하는 변수를 종속변수로 옮긴다([그림 5-14] 참조).

[그림 5-14] 일원변량분석 대화상자 예시

다음으로, 사후분석 을 누르면 [그림 5-15]가 나타난다. 일원변량분석은 세 집단 이상의 평균비교에서 어느 한 집단의 평균만 통계적으로 차이가 나더라도 유의미한 차이가 있는 것으로 결과를 산출하게 된다. 사후분석은 이러한 차이가 어디서 발생하는지를 보다 자세하게 알려 주기 위한 분석방법으로, 세 집단 이상을 두 집단씩 비교해서 의미 있는 차이가 어디서 발생했는지를 알려 줄 수 있다. [그림 5-15]에서 Scheffe, Duncan, Tukey 등의 분석방법을 클릭한 다음 　계속　을 누르면 [그림 5-14]가 다시 나타난다.

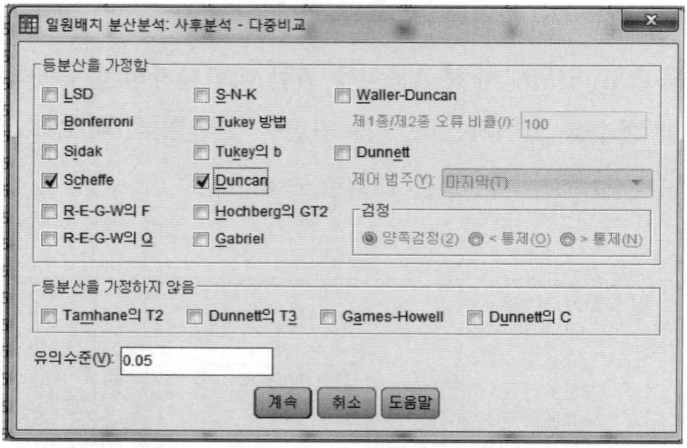

[그림 5-15] 사후분석 예시

　일원변량분석은 세 집단 이상의 평균비교이므로, 분석 결과에서 기술통계치인 평균과 표준편차를 제시해 주어야 한다. 일원변량분석에서 기본적인 기술통계치를 얻기 위해서는 [그림 5-14]에서 　옵션　을 누른 후 [그림 5-16]이 나타나도록 해야 한다. [그림 5-16에서 기술통계를 클릭하면 평균과 표준편차값을 얻을 수 있고, 　계속　을 누른 후 [그림 5-14]의 화면에서 　확인　을 누르게 되면 일원변량분석에 필요한 기본적인 통계값을 얻을 수 있다.

[그림 5-16] 일원배치 분산분석 옵션 예시

■ 상관분석

상관분석은 두 변인 이상의 양적변수의 관련성을 알아보기 위
한 방법이다. 앞에서 제시한 독립표본 T-검정과 일원변량분석이
집단 간 평균의 비교에 목적이 있기 때문에 독립변수에 해당하는
집단이 범주변수였다면, 상관분석은 변수들 간의 관련성을 알아보
는 데 목적이 있기 때문에 두 변인 모두 양적 변수여야 한다는 점이
차이가 있다. 상관분석을 위해서는 분석 메뉴에서 상관분석 →
 이변량 상관 을 선택하면 된다([그림 5-17] 참조).

[그림 5-17] 상관분석 화면 예시

　　다음으로, 상관분석을 위한 대화상자의 변수목록에서 분석할 변수를 선택하여 오른쪽 창으로 옮긴다([그림 5-18] 참조).

[그림 5-18] 상관분석 대화상자 예시

다음으로, [옵션]을 누르면 [그림 5-19]가 나타난다. [그림 5-19]에서 결측값(missing value)을 제외하는 방식이 두 가지가 나타나는데, "대응별 결측값 제외"는 변인마다 결측값이 다를 때 사용하는 것이 좋다. "목록별 결측값 제외"는 상관분석을 하려는 변수 중 하나라도 결측값이 있으면 그 자료를 분석에서 제외하는 방식이다. 분석할 자료에서 결측값이 하나도 없거나 자료 수가 충분할 경우에는 "목록별 결측값 제외"를 사용하는 것이 깔끔한 통계값을 얻는 데 도움이 된다. 결측값 제외 방식 중 하나를 클릭한 다음, [계속]을 누르면 [그림 5-18]의 화면으로 돌아가게 되는데, 이때 [확인]을 누르면 원하는 통계값을 얻을 수 있다.

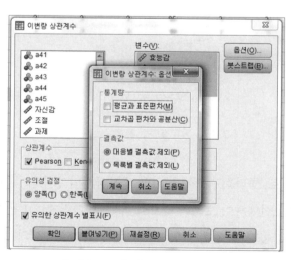

[그림 5-19] 상관분석 옵션 예시

■ **중다회귀분석**

중다회귀분석은 여러 독립변수를 최적으로 결합하여 하나의 종속
변수를 예언하는 정확성을 높이려는 통계방법이다. 둘 이상의 독립
변수가 종속변수 변산을 어느 정도 설명하는지를 알아보고자 할 때
사용하는데, 중다회귀분석을 위해서는 분석 메뉴에서 회귀분석
→ 선형 을 선택하면 된다([그림 5-20] 참조).

[그림 5-20] 중다회귀분석 화면 예시

다음으로, 중다회귀분석을 위한 대화상자의 변수목록에서 분석
할 변수를 선택하여 오른쪽 창으로 옮긴다([그림 5-21] 참조). 예를
들어, 성취동기, 공동체성 및 자기이해가 자기효능감의 변산을 어
느 정도 설명하는지 알고 싶으면 성취동기, 공동체성, 자기이해를
독립변수 쪽으로, 자기효능감을 종속변수 쪽으로 옮기면 된다.

[그림 5-21] 중다회귀분석 대화상자 예시

다음으로 　통계량　을 누르면 [그림 5-22]가 나타난다. [그림 5-22]에서 필요한 통계량을 선택한 다음 　계속　을 누르면 [그림 5-21]의 화면으로 돌아가게 되는데, 이때 　확인　을 누르면 원하는 통계값을 얻을 수 있다. 통계량으로는 [그림 5-22]의 예시처럼 "추정값" "모형 적합" "R 제곱 변화량" "기술통계" "공선성 진단" 등을 선택하면 된다.

[그림 5-22] 중다회귀분석 통계량 예시

■ **매개효과와 조절효과 분석**

　한편, A, B, C라는 세 변인이 있을 때 B변인의 매개효과를 알아보고자 할 때도 회귀분석의 방법을 활용할 수 있다. 이를 위해 Baron과 Kenny(1986)가 제시한 3단계 매개 회귀분석(three-step mediated regression analysis) 기법에 근거한 분석을 실시할 수 있다. 매개효과를 검정하기 위해서는 다음 3단계의 조건을 충족하여야 하는데, 1단계는 독립변인이 매개변인에 통계적으로 유의미한 영향을 미쳐야 하고, 2단계는 독립변인이 종속변인에 통계적으로 유의미한 영향을 미쳐야 한다. 3단계는 매개변인이 종속변인에 통계적으로 유의미한 영향을 미쳐야 하고, 동시에 종속변인에 대한 독립변인의 영향력이 3단계에서 2단계보다 줄어들어야 매개효과를 낸다고 할 수 있다. 또한 종속변인에 대한 독립변인의 영향력이 유의하지 않은 경우에는 완전매개효과를 보인다고 하며, 유의할 경우에는 부분매개효과를 나타낸다고 분석한다. 3단계 절차를 마친 후에는 독립변인에서 매개변인을 거쳐 종속변인에 영향을 미치는 매개효과가 유의한지를 검정하는 절차를 거치며, 여기에는 흔히 Sobel-test나 Bootstrapping 절차를 많이 활용한다. 최근에는 Bootsrapping 절차를 많이 활용하는 추세이기 때문에, 가능한 한 Bootsrapping 절차를 사용하는 것이 좋다.

　조절효과 또한 회귀분석을 활용하여 분석이 가능하다. 조절효과는 특정 독립변인이 종속변인에 미치는 영향이 다른 독립변인에 의해 다르게 나타나는지를 분석하는 것이다. 조절효과는 2개의 독립변수를 센터링(centering)한 값을 서로 곱하여 상호작용항

을 만든 후, 이를 회귀식에 투입하여 상호작용항 회귀계수의 유의
성을 검정하여 분석한다. 즉, 상호작용항의 회귀계수가 유의할 경
우 조절효과가 유의하다고 해석하는 것이다. 만약 조절효과가 유
의할 경우에는 단순 기울기 분석을 통해 조절효과를 보다 세밀히
살펴본다. 예를 들어, 투입한 2개의 독립변인을 A와 B라 할 때,
A의 값이 평균인 집단, 평균보다 1표준편차 낮은 집단, 평균보다
1표준편차 높은 집단으로 나누어 각각의 경우 독립변인 B와 종속
변인 간의 관계를 살펴보는 것이 단순 기울기 분석이다.

SPSS Win에서 매개효과와 조절효과 분석은 다소 복잡하기 때
문에, SPSS Win에 별도 매크로를 설치하여 분석하는 경우가 많다.
여기서는 이 중 가장 널리 사용되는 Hayes process 매크로를 활용
한 분석법을 소개한다. Hayes process 매크로는 사이트에서 다운
가능하다(https://www.processmacro.org/index.html). 파일을 다운
받은 후, 메뉴에서 유틸리티 를 클릭한 후, 사용자 정의 대화상자
에서 사용자 정의 대화상자 설치 를 누른 후, 다운받은 파일을 찾아서
설치를 해 주면 된다. 이후 SPSS Win을 재시작하면 Hayes process
를 사용할 수 있다. 단, 설치 시 SPSS Win을 관리자 모드로 실행해
야만 오류가 나타나지 않으므로 이점을 주의해야 한다.

Hayes process가 설치되었다면, 분석 메뉴 아래에 있는
회귀분석 의 하위 메뉴로 Hayes process 가 나타날 것이다. 매
개효과의 경우 "Model number"를 4로 바꿔 준 후, 독립변인은
"X variable", 종속변인은 "Y variable", 매개변인은 "Mediator(s)
M"으로 옮겨 준다. 통제변수가 있을 경우, "Covariate(s)"란에 통제

변수를 넣어 주면 된다. 이후 ［확인］ 버튼을 클릭하면 분석 결과가 나타난다([그림 5-23] 참조).

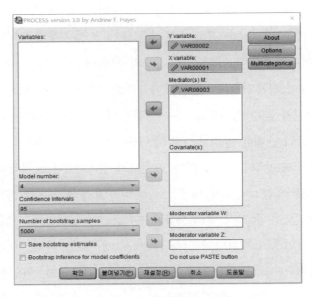

[그림 5-23] 매개효과 분석 대화상자 예시

조절효과의 경우 같은 메뉴에서 "Model number"를 1로 꾸어야 분석이 가능하다([그림 5-24] 참조). 이후 독립변인은 "X variable", 종속변인은 "Y variable", 조절변인은 "Moderator variable W"로 옮겨준다. 이후 ［Options］ 버튼을 클릭하여 "Mean center for construction of products"를 체크해 주어야 앞서 언급한 센터링 설정이 가능하다. 단순 기울기 분석을 위해서는 ［Options］ 화면 에서 "Conditioning values"를 "−1SD, Mean, +1SD"로 선택하면 된다. 유의확률의 경우 "if p<.05"로 설정을 바꾸어 준다. 이후

[　계속　] 버튼을 클릭 후, [　확인　]을 누르면 조절효과 분석 결과가 나타난다([그림 5-25] 참조).

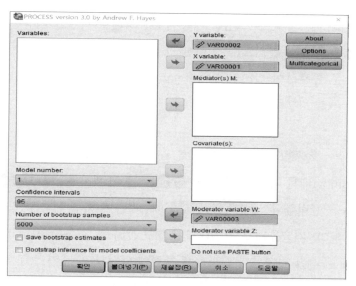

[그림 5-24] 조절효과 분석 대화상자 예시

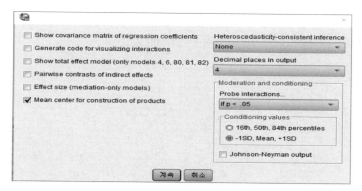

[그림 5-25] 조절효과 분석 옵션 설정 대화상자 예시

3) Jamovi를 이용한 자료 분석 수행

Jamovi의 경우에도 SPSS Win과 동일하게 별도의 자료 입력 절차가 필요하다. Jamovi의 경우 SPSS Win 데이터 파일을 활용할 수 있으며, 엑셀프로그램을 활용해 csv 형태로 파일을 저장한 후 이를 Jamovi에 불러오는 것 또한 가능하다. 다음에서는 앞서 SPSS Win을 활용하여 실시한 분석을 Jamovi에서는 어떻게 실시할 수 있는지를 위주로 설명하고자 한다.

■ 기술통계분석

Jamovi에서 기술통계분석은 Analysis 탭에서 Exploration 메뉴를 클릭한 후, Descriptives 메뉴를 클릭하면 된다([그림 5-26] 참조). 기술통계를 확인하고자 하는 변수를 오른쪽 "Variable" 란에 옮기면 기술통계 결과가 오른편에 나타나며, 추가로 분석하고자 하는 통계치가 있을 경우 아래편 "Statistics" 바를 클릭하면 표준편차(Std. deviation), 왜도(Skewness), 첨도(Kurtosis) 등 결과 또한 분석할 수 있다. 빈도분석을 위해서는 아래편에 있는 "Frequency tables"를 선택하면 된다([그림 5-27] 참조).

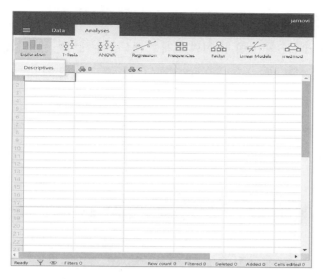

[그림 5 - 26] 기술통계분석 화면 예시

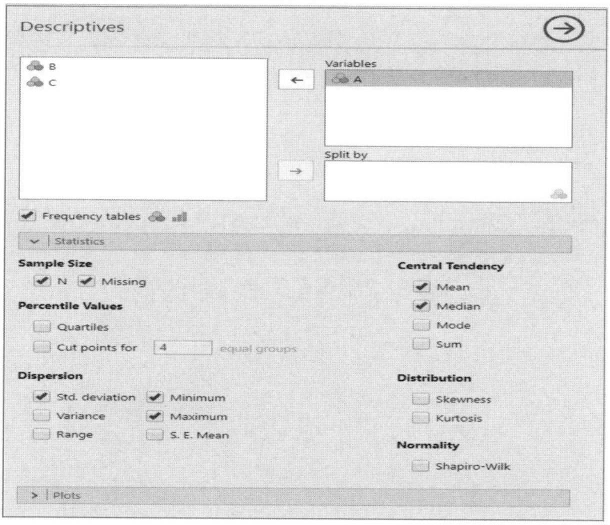

[그림 5 - 27] 기술통계분석 대화상자 예시

■ 신뢰도 분석

Cronbach의 α(알파) 신뢰도 계수 계산을 위해서는 Analysis 탭 Factor 메뉴에서 Reliability Analysis 를 선택한다([그림 5-28] 참조). 이후 [그림 5-29]와 같이 신뢰도 분석을 실시하고자 하는 변수를 "Items"란에 옮기면 신뢰도 분석 결과를 오른편에서 확인할 수 있다.

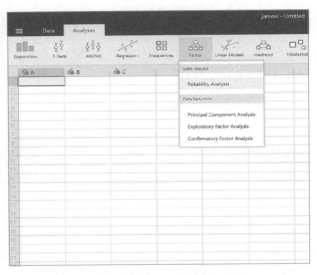

[그림 5-28] 신뢰도 분석 화면 예시

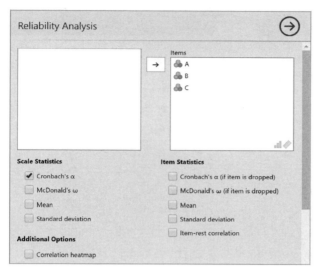

[그림 5-29] 신뢰도 분석 대화상자 예시

■ 카이제곱 교차분석

　범주변수 간 케이스들의 교차빈도에 대한 통계적 유의성 검정
을 위해서는 카이제곱 교차분석이 필요하다. [그림 5-30]과 같이
Jamovi에서 카이제곱 교차분석은 `Analysis` 탭 `Frqeuencies`
메뉴에서 `Independent Samples` 를 선택한다. 이후 분석하고자
하는 범주변수를 각각 "Rows"와 "Columns"로 옮긴다([그림 5-31]
참조). Jamovi의 경우 카이제곱 값과 유의성 검정이 기본값으로 설
정되어 있기 때문에 별도 작업 없이 바로 오른편에서 카이제곱 검
정 결과를 확인할 수 있다.

[그림 5-30] 카이제곱 교차분석 분석 화면 예시

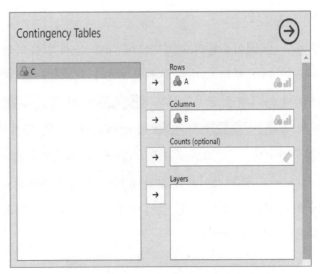

[그림 5-31] 카이제곱 교차분석 대화상자 예시

■ 독립표본 T-검정

　두 집단 간 평균 차이 검정을 위해 독립표본 T-검정을 실시할 경우에
는 Analysis 탭 T-Tests 메뉴에서 Independent Sample T-Test
를 선택한다([그림 5-32] 참조). 이후 [그림 5-33]과 같이 차이를 검
정하고자 하는 종속변수를 "Dependent Variables"에, 집단 변수를
"Grouping Variables"로 옮겨 주면 된다. 효과크기 확인이 필요할
경우에는 "Additional Statistics" 란에 있는 "Effect size"를 클릭하
면, 효과크기 분석 결과 또한 함께 볼 수 있다.

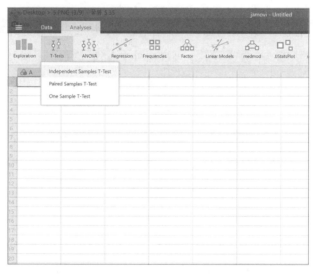

[그림 5-32] 독립표본 t-검정 분석 화면 예시

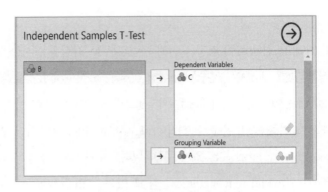

[그림 5-33] 독립표본 t-검정 대화상자 예시

■ **일원변량분석**

　세 집단 이상의 평균 차이 검정을 위한 일원변량분석의 경우 `Analysis` 탭 `ANOVA` 메뉴에서 `One-Way ANOVA`를 선택하면 분석이 가능하다([그림 5-34] 참조). 이때 [그림 5-35]와 같이 평균 차이를 검정하고자 하는 변수를 "Dependent Variables"에, 집단 변수를 "Grouping Variables"로 설정한다. 이때 등분산성 가정 등에 문제가 없다면 "Variances"란에서 "Assume equal" 버튼을 체크하고, "Don't assume equal" 버튼은 체크 해제한다.

　기술통계의 경우 "Additional Statistics" "Descriptives table" 버튼을 체크하면 확인이 가능하다. 사후비교는 [그림 5-36]과 같이 아래편 "Post-Hoc Tests"를 클릭한 후, "Tukey"를 클릭하면 사후 분석 결과를 볼 수 있다. 비교적 다양한 사후비교 방법을 제공하는 SPSS Win과 달리 Jamovi에서는 Tukey 방법만을 제공한다는 점에서 차이가 있다.

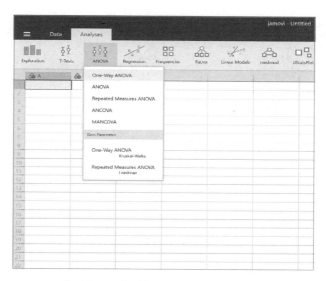

[그림 5-34] 일원분산분석 화면 예시

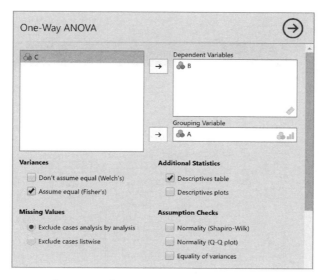

[그림 5-35] 일원분산분석 대화상자 예시

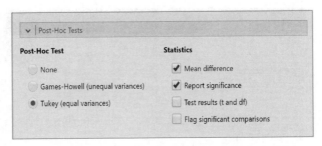

[그림 5-36] 일원분산분석 사후분석 대화상자 예시

■ 상관분석

상관분석은 [그림 5-37]과 같이 [Analysis] 탭 [Regression] 메뉴에서 [Correlation Matrix]를 선택하여 분석할 수 있다. 선택 후, 분석하고자 하는 변수를 오른편 박스에 옮겨 주면 분석 결과가 결과창에 나타난다([그림 5-38] 참조).

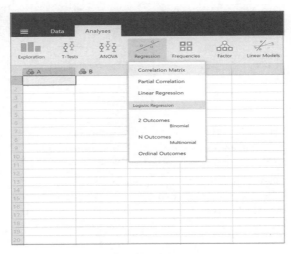

[그림 5-37] 상관분석 화면 예시

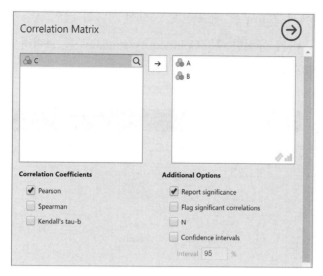

[그림 5-38] 상관분석 대화상자 예시

■ 중다회귀분석

중다회귀분석 또한 Jamovi를 활용하여 분석이 가능하다. Jamovi
에서 중다회귀분석을 위해서는 Analysis 탭 Regression 메뉴
Linear Regression 을 선택하면 된다([그림 5-39] 참조). 이때 [그
림 5-40]과 같이 독립변인 중 연속변수는 "Covariates"에, 범주변
수는 "Factors"에 넣어 준다. 예를 들어, 성별은 남성, 여성 등 범주
로 구분되므로 "Factors"에, 연령은 연속변수이므로 "Covariate"로
옮겨 준다.

회귀 모형 전체의 적합도 유의성 검정과 공선성 진단을 위해서는
별도로 설정을 해 주어야 한다([그림 5-41] 참조). 회귀 모형 적합도
유의성 검정을 위해서는 "Model fit" 바를 클릭한 후, "Overall Model

Test"란에서 "F test"를 체크한다. 공선성 진단의 경우 "Assumption Checks" 바를 클릭한 후, "Collinearity statistics"를 클릭하면 결과를 확인할 수 있다.

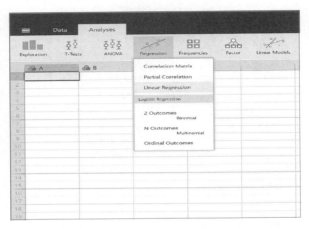

[그림 5-39] 중다회귀분석 화면 예시

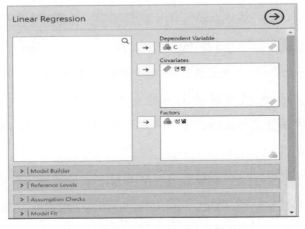

[그림 5-40] 중다회귀분석 대화상자 예시

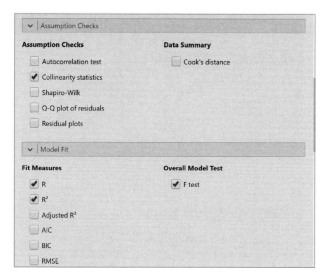

[그림 5-41] 중다회귀분석 가정 및 모형적합도 확인 대화상자 예시

■ 매개효과와 조절효과 분석

Jamovi를 활용하여 매개효과와 조절효과를 분석하기 위해서는
별도 패키지를 설치하는 것이 편리하다. Jamovi 오른편 상단 끝에
있는 십자가 모양의 　Moduls　 버튼을 누른 후 　jamovi library　
를 선택한다([그림 5-42] 참조). 이후 　Analysis　 탭을 클릭하면,
설치 가능한 패키지들이 나타나며 이 중 "medmod"를 클릭하여
설치한다.

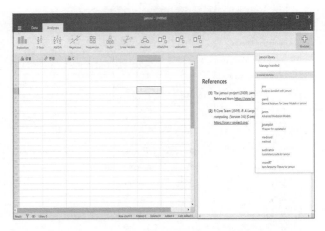

[그림 5-42] medmod 패키지 설치 화면 예시

설치가 완료되면 Analysis 탭을 클릭하면 medmod 라는 메뉴가 나타난다. 매개효과의 경우 medmod 메뉴 아래 Mediation을 클릭하면 분석이 가능하다([그림 5-43] 참조). [그림 5-44]와 같이 독립변인을 "Predictor"에, 종속변인을 "Dependent Variable"에, 매개변인을 "Mediator"에 옮겨 준다. 부트스트랩 검정을 위해서는 아래 "Estimation Method for SE's"에 Bootsrap을 체크하고, 아래 sample 수를 "5000"으로 바꿔 준다.

[그림 5-43] 매개효과 분석 화면 예시

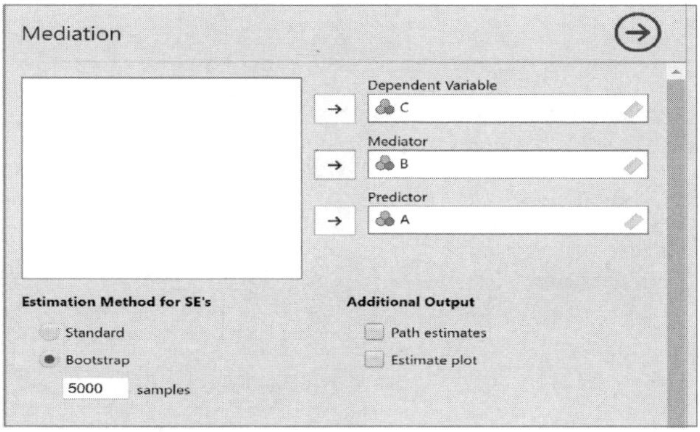

[그림 5-44] 매개효과 분석 대화상자 예시

　조절효과의 경우 medmod 메뉴 아래 Moderation 을 클릭한 후 ([그림 5-45] 참조), 독립변인을 "Predictor"에, 종속변인을 "Dependent Variable"에, 조절변인을 "Moderator"에 옮겨준다. 단순 기울기 분

석을 위해서는 "Simple Slope Analysis" 메뉴 중 "Estimates"를 선
택한다([그림 5-46] 참조). 패턴을 육안으로 확인하기 위해서는
"Plot"을 선택하면 된다.

[그림 5-45] 조절효과 분석 화면 예시

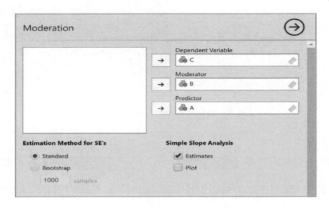

[그림 5-46] 조절효과 분석 대화상자 예시

제6장 연구방법 II : 질적 연구

이 장에서는 질적 연구의 특징과 주요 연구방법론을 간략하게 소개하고, 연구대상, 자료 수집, 분석방법 및 평가에 대해 알아본다. 상담연구에서 흔히 사용되는 질적 연구방법론을 중심으로 각 연구방법에 따른 적절한 참여자의 수와 자료의 종류를 정하고 수집하는 방법, 질적 자료를 분석하고 타당도와 신뢰도를 확보하는 방법을 다룰 것이다. 마지막으로, 학위논문에서 자주 사용되는 내용분석의 자료 분석을 구체적으로 예시와 함께 소개하였다.

1 질적 연구의 특징

질적 연구는 양적 연구와 구분되는 고유한 철학적 가정을 가지므로 이를 염두에 두고 수행하여야 한다. 구체적으로, 질적 연구자는 실재(reality)가 모두에게 단일하고 동일하게 경험되는 것이 아니라 관점에 따라 다양하고 복합적으로 존재한다고 본다. 또한 지식과 현상은 객관적으로 존재하거나 미리 정해진 것이 아니라 참여자의 인식과 경험, 목소리 등을 통해 생성되고 구성된다고 본다. 따라서 질적 연구자는 연구현장에 직접 뛰어들어 관찰하고 연구참여자의 목소리를 듣고 기록함으로써 개별 사례나 현상을 최대한 심층적이고 구체적으로 이해하고자 노력한다. 또한 연구자는 미리 결과가 이러할 것이라고 가정하거나 단정 짓지 않고 열린 마음으로 현상 그대로를 전달하고자 한다. 그렇기 때문에 연구가 진행됨에 따라 필요한 적절한 질문을 새로이 만들거나 기존의 접근을 수정하기도 하는 등 자료를 수집하면서 귀납적인 방식으로 의미를 탐색한다. 질적 연구는 연구자의 가치와 세계관, 경험과 편견이 연구 전반에 필연적으로 영향을 미칠 수밖에 없음을 인정한다. 그러므로 연구의 살아 있는 도구이자 관찰 렌즈인 연구자가 자료를 이해하고 해석하는 과정을 개방적으로 논의하고 성찰하는 것이 질적 연구의 중요한 과제 중 하나다(Creswell, 2010). 최근 질적 연구에서는 연구의 전 과정에서 윤리적 실천과 사회 맥락에 기반한 해석을 강조하고, 연구를 통한 행동과 변화를 촉구하는 사회정의가 강조되고 있다(Creswell, 2013; Denzin & Lincoln, 2011).

Q & A

"질적 연구는 언제 수행하면 좋을까?"
- 연구주제와 관련하여 아직 선행연구가 많이 축적되지 않아 구성개념(구인, construct), 현상, 맥락 등에 대한 기초적이고 탐색적이며 풍부한 자료가 필요할 때
- 원인과 결과에만 관심을 두는 것이 아니라 과정이나 맥락 등에 대한 주목이 필요한 연구주제일 때

- 현상이나 구성개념과 관련하여 사람들이 자신의 경험을 어떻게 해석하고 그 경험의 의미를 어떻게 구성해 나가는지를 구체적으로 살펴보고 싶을 때
- 개념이나 관련 변인이 아직 불분명하여 탐색이 필요한 상황이나 혹은 개념이 있더라도 이들 간의 관계에 대한 이해가 아직 부족할 때

2 주요 질적 연구방법론

질적 연구방법에는 다양한 접근이 있고, 연구자는 연구문제나 목적에 적합한 접근방법을 선택한다. 이 절에서는 최근 한국 상담 연구에서 자주 사용되는 질적 연구방법론(이현진, 김명찬, 2018) 중 내용분석, 현상학적 연구, 근거이론 연구, 합의적 질적 연구를 소개하고자 한다.

1) 내용분석

내용분석은 책, 교과서나 신문 같은 문서, 대화, 미디어, 예술작품, 상담 축어록 등 다양한 텍스트 자료를 분석하여 관심 있는 현상이나 주제와 관련된 내용을 요약하고 정리하고 범주화하여 자료의 내용과 의미를 심층적으로 이해하는 연구방법이다. 내용분석은 면담으로 수집된 자료나 이미 존재하는 다양한 문서자료 등을 연구자의 관점으로 체계적이고 선택적으로 분석함으로써 자료의 의미를 서술한다.

〈주요어〉 요약, 의미, 체계적, 이해
〈핵심 질문〉 이 현상(주제)을 요약하고 정리한 결과는 무엇인가?

2) 현상학적 연구

현상학적 연구는 연구자가 관심을 가지고 탐구하는 현상을 공유하고 살아 낸 여러 개인의 공통된 경험의 핵심 의미를 발견하는 데 초점을 두는 연구방법이다. 현상학적 연구를 수행하는 연구자는 관심 현상을 밝히고, 현상과 관련하여 참여자들이 공유하는 경험에 대한 풍부한 자료를 수집하고, 연구자의 편견이나 선입견을 최대한 배제한 상태에서 현상이 무엇이고 그 경험의 핵심인 본질(essence)을 기술하는 작업을 한다.

〈주요어〉 현상, 경험, 의미, 본질
〈핵심 질문〉 이 현상의 본질은 무엇인가? 참여자들에게 이 현상은 어떤 의미인가?

3) 근거이론 연구

근거이론은 이름에서 드러나는 것처럼 질적 자료에 근거하여 이론을 개발하기 위한 연구방법이다. 연구자는 근거이론을 통해 많은 사람이 경험하는 행동이나 상호작용, 과정을 이해하고 설명하고자 하며, 핵심 개념들을 파악하고 최종적으로는 이들 간의 관계와 상호작용 등을 시간적 흐름에 따른 과정이나 단계로 정리하여 이론을 정립하고자 한다.

〈주요어〉 이론, 개발, 과정, 단계
〈핵심 질문〉 참여자들의 경험에서 나타나는 공통적인 과정은 무엇인가?
　　　　　　 참여자들의 경험으로부터 도출될 수 있는 이론은 무엇인가?

4) 합의적 질적 연구와 수정된 합의적 질적 연구

합의적 질적 연구(Consensual Qualitative Research: CQR)은 상담 심리학에서 개발된 질적 연구방법으로 3~5명의 연구자가 팀을 이루어 분석에 참여하고 반복적인 합의를 통해 수집된 자료의 의미를 도출하고 결과를 빈도와 함께 제시하는 것이 특징이다. 합의적 질적 연구는 질적 자료(예: 인터뷰)를 통해 풍부한 기술과 묘사를 얻어 내면서도 상담심리연구에서 전통적으로 강조해 왔던 연구의 객관성과 타당성을 담보하고자 한다. 수정된 합의적 질적 연구(Consensual Qualitative Research-Modified)는 현상을 탐색적으로 살펴보고 기술하고자 할 때, 혹은 선행연구가 부족하고 연구의 초점이 분명하기 어려울 때, 모집단에 대한 포괄적인 이해를 얻기 위하여 상대적으로 많은 표집에서 수집한 비교적 짧고 단순한 질적 자료를 분석하는 방법이다.

〈주요어〉 합의, 빈도, 의미, 이해
〈핵심 질문〉 현상에 대해 연구팀이 합의한 결과는 무엇인가?

3 참여자 선정과 적절한 참여자 수 결정하기

질적 연구에서 현상에 대한 심층적인 이해와 풍부한 기술을 획득하기 위해서 적절한 참여자 선정이 매우 중요한 과제이다. 대다수 상담연구는 면담/인터뷰를 통해 자료를 수집하기 때문에 참여자가 "자신의 생생한 경험을 잘 표현할 수 있는 개인"(Creswell, 2010, p. 175)으로 풍부한 언어화가 가능한 사람인 것이 참여자 선정 기준 중 중요한 지침으로 꼽힌다. 참여자를 선정하는 방법은 주로 연구주제에 적절한 동질 집단 혹은 이질 집단으로 참여자를 사전에 모집하여 연구를 진행하거나, 참여자로부터 자료를 수집하고 분석을 동시에 진행하면서 분석 결과에 따라 참여자를 다시 선정하는 방법 등을 활용할 수 있다.

예 1

연구 내용이나 주제에 따라 참여자의 발달 수준도 중요한 고려 대상이 될 수 있다. 예를 들어, 성폭력에 대한 초등학생의 인식을 조사한 김신정과 동료 연구자들(2016)은 참여자 선정 기준에 대하여 다음과 같이 서술하고 있다.

"본 연구의 대상은 강원도와 경상북도에 소재하는 2개 초등학교에 재학 중인 3~6학년 학생 93명을 대상으로 하였다. 이는 문헌에 의한 조사결과, 9세 이하의 아동은 성폭력에 대한 인지가 부족하다(Lee et al., 2003)는 것과 초등학교 1~2학년의 경우에는 아동과의 면담을 통해 연구 수행이 어렵다는 초등학교 교사들의 조언에 따른 것이었다. 본 연구의 경우, 면접대상은 3~6학년 학생을 중(3, 4)학년과 고(5, 6)학년으로 구분하였는데, 이는 실제로 학교현장에서 성교육을 실시함에 있

어, 학년별로는 각 학년마다 약간의 차이는 있으나 대체적으로 3, 4학
년을 비슷한 수준으로 5, 6학년을 비슷한 수준으로 구분하여 실시
하고 있으므로 이에 따라 중, 고학년으로 구분한 것이다."

각 연구방법에 따라 연구자들이 흔히 사용하는 적절한 참여자
의 수가 있다. 예를 들어, 참여자 간 공통된 경험을 살펴보는 현상
학적 연구나 CQR의 경우, 약 8~15명, 상대적으로 많은 참여자가
필요한 CQR-M은 연구주제에 따라 40~60명 이상, 이론을 제시
하여야 하는 근거이론의 경우, 20~60명 정도의 참여자를 선정하
는 것을 주로 확인할 수 있다. 그러나 질적 연구에서는 참여자 수
의 많고 적음보다 참여자를 통해 수집된 자료의 포화(saturation)
정도에 더 관심을 기울인다. 즉, 새로운 참여자로부터 자료를 수
집하였음에도 불구하고 새로운 정보가 나타나지 않는다면, 이를
신호삼아 포화상태를 확인하고 자료 수집을 종료할 수 있다.

예 2

동성애 및 동성애자에 대한 이성애자의 태도를 살펴본 정애경과 윤은
희(2020)는 다음과 같이 서술하였다.

"연구팀은 추천을 받은 연구대상자에게 직접 전화를 걸어 연구에 대
한 대략적인 안내를 하면서 참여를 권하였다. 이후, 면담 후 분석을 하면
서 자료의 포화에 이르기 위해 요구되는 인구통계학적 정보를 선택하여
다시 연구대상자를 추천받았다. 열 번째 참여자부터 새로운 정보가 나
타나지 않음을 관찰하였고 이를 확인하기 위해 2명을 추가적으로 모집
하여 포화상태를 확인한 후 참여자 선정 및 자료 수집을 종료하였다."

4 연구 자료

질적 연구에서 수집하고 분석에 사용하는 자료에는 심층면담, 관찰 자료, 문서 및 이미지 자료, 개방형 설문자료, 연구자 성찰일지 등이 있다. 심층면담은 가장 많이 사용되는 질적 자료 중 하나이다. 심층면담은 대체로 연구자의 핵심주제나 현상에 관련한 반구조화된 개방적 질문을 통해 참여자들로부터 수집된다. 여기서 반구조화란 연구자가 연구주제 및 현상에 대해 질문을 사전에 준비하였다는 것을 의미하는 동시에 참여자의 답변이나 상황에 따라 질문을 가감하거나 바꾸는 등 탄력적으로 활용할 여지가 있다는 것을 말한다. 또한, 심층면담은 개방적 질문을 통해 수집되는데, 이는 참여자로부터 풍부하고 깊이 있는 묘사와 경험을 이끌어내기 위한 방법이다. 관찰 자료는 연구자가 현상이나 참여자에 대해 관찰한 것을 기록한 일지이다. 문서 및 이미지 자료는 현상이나 주제에 관한 다양한 공문서, 서신, 메모, 신문, 잡지, 뉴스, 사진, 영상 등을 포함한다. 개방형 설문자료는 개방형 질문지 형태로 설문을 제시하고 참여자가 장문으로 응답할 수 있도록 하여 자료를 수집하는데, 주로 CQR-M과 같이 다수의 참여자로부터 포괄적인 이해가 필요한 상황에 사용한다. 마지막으로, 연구자 성찰일지는 질적 연구를 수행하면서 경험하는 연구자 자신의 사고나 정서, 혹은 해석 등을 기록하는 것으로, 연구자가 도구이자 렌즈인 질적 연구에서는 중요한 참고자료 중 하나이다.

〈표 6-1〉 심층면담: 기술과 팁

　　심층면담(in-depth interview)은 주제에 대해 통찰을 얻고 깊이("심층적으로") 이해할 수 있도록 하는 면담이다. 심층면담을 잘 수행하기 위해서는 우선 참여자가 시간을 내어 자신의 경험을 나누어 준다는 사실을 기억하고 면담을 준비하고 진행하는 것이 필요하다. 참여자의 시간과 경험을 감사하게 생각하고, 참여자의 관점과 경험을 존중하는 태도를 가진다. 심층면담 시 주의할 사항은 다음과 같다(자세한 내용은 전가일(2021)을 참조한다).

- 심층면담은 정보를 캐내려는 것이 아니라 대화를 통해 주제와 관련된 참여자의 경험을 이해하고자 하는 것이다. 참여자의 경험에 대해 진심으로 궁금한 마음을 가지려고 노력하고, 참여자의 말을 진지하게 경청한다.
- 참여자의 응답을 들을 때 다음 질문을 무엇으로 해야 할지 생각하거나 참여자의 응답과 상관없이 준비된 질문을 (단지 준비했기 때문에) 그대로 하는 경우가 자주 발생하는데, 참여자가 말을 할 때는 그에 집중하여 의미를 이해하려고 노력하는 것이 더 중요하다. 이렇게 열심히 들을 때 그 내용과 관련된 질문이 자연스럽게 이어지면서 참여자와 라포르가 더 깊게 형성되고 주제/현상을 더 잘 이해할 수 있게 된다. 반구조화 면담의 경우, 융통성을 발휘하는 것이 필요하다.
- 심층면담 중 참여자보다 말을 더 많이 하지 않도록 한다. 참여자와의 관계에서 힘, 권력 등에서 불균형이 있는 경우(연구자의 나이, 지위, 경험 등에서) 특히 주의하고, 참여자가 편하게 이야기할 수 있는 환경과 분위기를 조성하고자 노력한다.
- 듣고 싶은 대답이나 방향으로 유도하는 질문이나 선택형 질문, 단답형 질문을 하지 않도록 한다. 연구자는 참여자가 충분히 생각하고 표현할 수 있도록 시간과 기회를 주고, 질문에 공을 들여야 한다. 연구자가 마음이 급하여 참여자가 이야기할 때까지 기다리지 못하고 참여자 대신 자신의 의견이나 듣고 싶은 대답을 직접 이야기하거나,

> 자신의 생각에 대해 참여자에게 동조를 얻어 내는 방식의 질문
> ("~하다는 말이지요?" "~했다는 것 아닌가요?")을 해서는 안 된다.
> 이렇게 수집한 자료는 현상이나 경험을 왜곡하기 쉽고 질적 자료
> 로서 가치가 매우 떨어진다.
> • 질문은 언제나 참여자가 실제로 경험한 구체적인 사건이나 일화, 참
>   여자의 감정이나 의견, 생각 등을 묻는다. 추상적이거나 일반적인
>   내용이나 요약, 다른 사람들의 생각이나 사실관계 그 자체보다는 참
>   여자의 주관적인 경험과 생각에 초점을 맞춰서 질문한다.
> • 참여자의 비언어적 반응이나 침묵을 주의 깊게 관찰하고 기록으로
>   남긴다. 특히 침묵을 잘 관찰하고 의미하는 바를 이해하고자 하는
>   것이 중요하다(참여자가 질문에 침묵할 때 응답을 강요하지 않는다).

5 질적 분석과 평가

1) 연구팀/연구자

질적 연구 전통에서는 연구자가 누구이며, 연구주제와 관련하
여 어떤 경험과 사전지식 등을 가지고 있는지가 연구의 내용과 자
료의 수집 및 해석 등 연구 전반에 영향을 미친다고 본다. 따라서
자료 수집이나 분석, 해석에 영향을 미치거나 왜곡할 가능성이 있
는 연구자의 배경이나 선(先)경험 및 가정을 사전에 보고하고, 이
를 어떻게 최소화하려고 노력하였는지 서술하는 것을 중요하게
다룬다. 상담 연구에서 질적 연구는 2인 이상의 연구팀을 구성하
여 수행하는 것이 일반적이다. 주로 평정팀 구성원의 수, 연구주

제와 관련한 경험(교육경력, 현장경력, 학위 등), 해당 질적 연구 관련 경력이나 훈련 여부, 주제에 밀접한 관련이 있는 인구통계학적 배경(성, 나이 등)을 서술한다.

예 3

저경력 초등교사의 성문제 상담 경험을 연구한 임지나, 최은별, 신주연(2021)은 연구팀을 다음과 같이 소개하였다.

"평정팀 3인으로 구성되었고 청소년 상담 및 생활지도에 관한 실무와 연구 경험이 풍부하고 교사교육에 관한 질적 연구 경험이 있는 상담심리학 박사학위 및 상담심리사 1급 소지자 1인과 아동 및 청소년 상담 실무 경험이 있으며 아동 상담자에 관한 질적 연구 경험이 있는 교육상담 전공 박사과정 2인으로 구성되었다."

---

2) 일반적인 질적 연구 분석 절차

여기에서는 일반적으로 질적 연구에서 사용하는 자료 분석절차의 틀로서 나선형 자료 분석(Creswell, 2010)을 소개하고자 한다. 그러나 주의할 점은 질적 연구의 각 연구방법마다 대체로 자료를 분석하는 독특한 관점과 방법을 구체화하여 제시하고 있다는 점이다. 예를 들어, 현상학적 연구는 Moustakas(1994)나 Giorgi(2009), 근거이론은 Strauss & Corbin(1990)나 Charmaz (2006), CQR은 Hill (1997) 등 각 연구 전통별로 고유하며 세부적인 분석방법을 제시하고 있으므로 반드시 확인하고 절차를 따르며, 논문에 명시하여야 한다.

나선형 자료 분석은 자료의 관리(조직화), 읽기와 메모하기, 자료를 코드와 주제로 기술하고 분류하기, 자료를 해석하기, 자료의 제시와 시각화의 단계로 이루어진다. 이 과정은 고정된 단계를 선형적으로 밟아 한 번에 진행되고 마무리되는 것이 아니라 "나선형"으로 순환하고 되풀이되며 수행된다.

첫째, 심층면담 등을 통해 수집된 자료를 축어록으로 전사하는 등 텍스트화하여 정리한다. 정리한 자료를 녹음이나 관찰일지 등과 여러 번 비교하고 검토하여 정확하게 기록되었는지 확인한다.

둘째, 연구진은 자료를 여러 번 반복적으로 읽고 자료의 내용과 친숙해지며, 자료에 대한 이해도를 높인다. 자료를 읽으면서 단어나 짧은 문장으로 된 아이디어나 개념 등을 녹취록 등의 자료에 메모한다.

셋째, 자료를 반복적으로 읽어 나가면서 자료를 기술하고 분류하고 해석하며 코드 또는 범주를 형성한다. 연구진은 자료에서 중요하거나 의미있는 정보나 진술에 이름을 붙이고, 공통적인 아이디어들을 분류하고 통합하여 주제(theme) 혹은 상위범주를 형성하는 과정을 거친다.

넷째, 연구진은 코드와 범주, 주제 등을 통해 이를 넘어서는 연구주제에 대한 종합적인 이해를 구성하고자 하는 방식으로 자료를 해석한다. 전체 맥락 속에서 코드와 범주, 주제를 살펴보면서 추상화하여 요약함으로써 자료의 의미를 밝힌다.

마지막으로, 분석 결과를 텍스트, 표, 그림 등의 형식으로 정리하여 제시한다. 각 연구방법마다 결과를 보고하고 제시하는 양식

에 차이가 있으므로 연구방법 별 자료제시방식 및 구성방식을 확
인한다.

3) 질적 연구의 타당성 준거

연구결과가 어느 정도로 신뢰할 만하며 타당한 것인지 점검하
고 평가하는 것은 중요한 일이다. 양적 연구와 마찬가지로, 질적
연구에서도 연구의 신뢰도와 타당도는 연구의 엄격성과 질적 수
준을 판단하는 주요한 지표가 된다.

질적 연구에서 신뢰도를 확보하기 위해 주로 사용하는 전략은
코딩자 간의 합의이다. 이는 둘 이상의 연구자가 자료를 부호화
(coding)하고 범주화하며 주제를 형성하는 분석의 전 과정에서 각
자 작업한 코드명과 코딩한 텍스트 등을 살펴보고 분석 방식이나
결과에 대해 논의하여 합의를 도출하는 것을 의미한다. 예를 들어,
연구진은 하나 혹은 두 사례를 함께 코딩을 하고 그 결과를 비교하
고 논의한다. 이후 각 연구자가 독립적으로 사례를 분석한 뒤 그
결과를 함께 검토한다. 연구진이 서로 유사한 방식으로 작업하고
있음을 어느 정도 확신하고 결과에 합의할 수 있을 때까지 이 과정
을 반복하면서 논의한다.

질적 연구에서는 타당도라는 개념이 양적 연구를 위한 용어임
을 지적하면서 타당성이라는 용어를 대신 사용하기도 한다. 상담
연구에서 흔히 사용되며 활용할 수 있는 타당성 전략은 다원화, 동
료 보고 및 검토, 참여자 확인, 풍부하고 상세한 기술, 외부 감사
등이 있다. 다원화는 인터뷰, 문서, 사진 및 영상 자료 등 다양한

방식의 자료를 수집하거나 활용하여 자료의 해석 및 결과를 뒷받
침하는 증거로 활용하는 것이다. 동료 보고 및 검토는 연구과정
전반에 걸쳐 외부자(연구진이 아닌 동료)에게 보고하고 검토를 요
청하는 것이다. 연구자는 동료에게 연구에서 겪는 다양한 감정이
나 어려움, 고충 등을 솔직하게 나누고, 동료는 연구 전반에 대해
질문하고 이야기를 들으면서 보다 객관적이고 엄정한 태도로 연
구를 수행할 수 있게 된다. 참여자 확인은 연구결과와 해석을 참
여자에게 보여 주고 연구가 적절하고 정확하게 수행되었는지에
대한 의견을 구하는 것이다. 풍부하고 상세한 기술은 참여자나 맥
락, 주제나 경험 등에 대해 최대한 구체적이고 자세하게 서술함으
로써 생생한 느낌을 전달하는 것이다. 외부 감사는 연구과정과 결
과에 대해 연구와 무관한 독립적인 외부 전문가에게 검토를 요청
함으로써 연구가 제대로 수행되었으며 그 결과가 타당한지 확인
을 받는 과정이다. 이 외에도 참여관찰, 반례 분석 및 검토 등도 타
당성 전략으로 활용할 수 있다.

예 4

상담자로의 진로전환 경험을 연구한 최희주와 김영근(2020)은 다음
과 같이 서술하였다.

"첫째, 신뢰성과 타당성을 충족시키기 위하여 본 연구자는 자료 수집
과 분석과정에서 면담 자료 전사본, 연구자 메모 등의 자료 수집의 다
양성을 확보하고자 노력하였고 다량의 질적 연구 경험을 지닌 전공교
수 1인, 박사 및 박사과정 수료 3인과 함께 자료 분류, 코딩, 범주화를
함께 검토하여 연구의 삼각화를 실시하였다. 그리고 사실적 가치와 적

용 가능성을 확보하기 위해 본 연구에 참여한 참여자 3인으로부터 참
여자들의 경험이 연구결과에 잘 반영되어 있는지 검토 작업 과정을 거
쳤다. 연구참여자 검토과정에서 상담자로의 진로전환 경험의 의미를 재
확인하였고, 경제적인 상황과 관련된 요소는 개별적 차이가 존재할 수
있으므로 참여자의 의견을 반영하여 일부 내용을 삭제하였다."

6 내용분석 자료 분석 예시

내용분석의 자료 분석은 학자에 따라 세 단계(준비, 조직화, 결과
보고), 다섯 단계(분석대상 선정하기, 분석범주 설정하기, 분석단위 설
정하기, 신뢰도와 타당도 점검하기, 자료 분석), 혹은 아홉 단계(이론
적 근거, 개념화, 조작화, 코딩 설계, 표본추출, 코더 훈련 및 사전 신뢰
도 검증, 코딩, 최종 신뢰도 검증, 통계처리 및 보고서 작성) 등으로 수
행된다. 이 장에서는 내용분석의 자료 분석을 결과 보고 전까지
① 분석대상 선정하기, ② 분석단위 설정하기, ③ 분석틀(분석범
주) 구성과 다듬기, ④ 자료 코딩하기, ⑤ 신뢰도와 타당도를 높이
기 위한 전략 구사하기의 다섯 단계로 정리하였다. 이 중 ②~⑤
는 순서대로 진행되기 보다는 분석을 하면서 동시에 진행되거나
순서가 바뀌기도 하고 필요에 따라 수정·보완될 수 있다.

각 단계별 이해를 돕기 위해 진로상담교재를 활용하여 진로상
담전문가 역량 요소를 분석한 강혜영(2012), 청소년 상담사례 축
어록을 가지고 내담자의 '정보요구'와 상담자의 '정보제공'을 살펴
본 강혜영, 김계현, 이재규(2019), 인터넷 상담자료를 통해 아동학

대 행위자의 특성을 분석한 박은미와 이시연(2007)의 논문을 예시
로 활용하였다.

1) 분석대상 선정하기

내용분석에서는 연구 주제 및 내용을 가장 효과적으로 드러내
고 탐색할 수 있는 자료를 선정한다. 강혜영(2012)은 진로상담전
문가 역량을 확인하기 위해 상담분야 전문가교육에서 사용되는
교재를 분석대상으로 하였다. 진로상담을 키워드로 검색되는 교
재를 제목과 목차를 검토하여 분류한 뒤, 이 중 특정 대상이나 이
론에 초점을 맞추지 않은 진로상담 개론서 10권을 분석대상으로
삼았다. 박은미와 이시연(2007)은 설문지나 면담을 통해 이루어졌
던 아동학대 행위자에 대한 선행연구에서는 응답자가 사회적으로
바람직하다고 생각되는 방향으로 응답하거나 혹은 연구자의 개입
으로 인해 영향을 받았을 가능성이 있다고 보고, 이러한 영향을 최
소화할 수 있는 아동학대 온라인 상담자료를 분석대상으로 활용
하였다. 재단의 동의를 얻어 한 재단의 공개 온라인 상담 게시판
의 약 2년간 자료를 모집단으로 삼고 체계적 표집방법을 통해 사
례를 추려 내었으며, 이 중 연구목적과 상이한 사례를 제외한 98
사례를 표본으로 하였다.

2) 분석단위 설정하기

분석대상에서 분석을 할 내용단위(content units)를 결정한다.
분석단위는 연구주제와 관련하여 단어(개념, 용어 등), 문장, 단락,

장(chpater) 혹은 항목, 문서 전체(사례 하나, 책/교과서 1권 등), 인물 등이 될 수 있다. 결정된 단위에 따라 자료가 양화(quantify)되어 분석 결과로 제시되므로, 연구 목적 및 결과를 염두에 두고 정한다. 강혜영(2012)은 교재의 장(chapter)을, 강혜영 외(2019)는 축어록의 문장을, 박은미와 이시연(2007)은 인터넷 상담 사례를 분석단위로 하였다.

3) 분석틀 구성과 다듬기

분석틀 혹은 분석범주는 자료 내용을 정리하고 분류하기 위해 사용되는 코딩(분류)표와 유사하다. 분석틀은 일반적으로 표로 제시되며, 연구의 목적 및 연구문제에 적합하고, 자료의 내용을 포괄적으로 담아낼 수 있어야 하며, 분석틀에 포함된 범주들은 개념상으로는 동등한 수준이면서도 상호배타적으로 구성되어야 한다(김석우, 최태진, 2007). 연구자는 이론적 근거를 가지고 기본적인 분석틀을 구성한 후, 자료 중 일부를 분석틀에 맞춰 범주화하면서 범주를 합치거나 나누거나 추가하는 등 분석틀을 수정하고, 다시 수정된 틀을 가지고 자료를 분석하는 과정을 반복하면서 분석틀을 정한다. 완성된 분석틀은 내용 전문가 2~3인의 검토를 받아 타당성을 확보한다. 예를 들어, 강혜영(2012)의 범주틀은 전문가 델파이 조사를 통해 진로상담전문가 역량요소를 확인한 선행연구를 바탕으로 연구자가 수정하여 구성하였으며, 전문가 검토를 통해 최종 확정되었다. 연구자가 2인 이상이었던 강혜영 외(2019)와 박은미와 이시연(2007)의 경우, 연구팀이 함께 분석틀을 개발하여

같은 자료를 가지고 각자 작업을 한 뒤 분석 결과를 가지고 합의에
이를 때까지 논의한 뒤 확정지었다.

　다음 표는 박은미와 이시연(2007)의 분석틀(304쪽)이다. 이 연구
에서는 연구문제에 따라 분석항목을 정하고, 분석항목 내에서는
자료를 포괄적이지만 상호배타적으로 담아낼 수 있는 범주를 제
시하였으며, 범주가 어떠한 세부항목(표에서는 '단위'로 명명)으로
분류될 것인지도 미리 명시해 놓았다. 반면, 강혜영(2012)과 강혜
영 외(2019)의 분석틀은 범주와 범주가 무엇이며 어떤 내용을 포
함하는지 설명 혹은 정의를 함께 제시하였다.

예 5

분석항목	범주	단위
인구학적 특성	성별	남자, 여자
행위자와의 관계	가족	부모 – 자녀, 친척 – 조카, 친권자 – 자녀, 형제자매
	교육기관	학령 전 교육 · 보육, 초등학교, 사설학원
	이웃	이웃
학대발생요인	행위자 개인적 특성	부적절한 양육태도, 형제 간 차별대우, 원치 않는 아동, 스트레스나 화풀이, 정신장애, 알코올 남용, 전과
	가족기능적 특성	배우자 및 가족폭력, 부부 및 가족갈등, 청소년기 부모 – 자녀 갈등, 이혼의 과정에 따른 학대
	사회경제적 특성	실직

출처: 박은미와 이시연(2007) 304쪽.

4) 자료 코딩하기

앞 단계에서 개발된 분석틀을 가지고 자료를 코딩한다. 이미 몇 사례를 통해 수정보완된 분석틀이라고 할지라도 코딩을 하면서 반복적으로 수정하는 것은 질적 연구에서는 매우 흔한 일이다. 연구팀의 경우, 연구자 간 수시로 의사소통을 하면서 논의하는 것이 필요하며, 1인 연구자의 경우, 이 과정을 비교적 객관적으로 살펴보고 자문을 해 줄 수 있는 전문가와 논의를 하거나 혹은 최종 연구결과를 종합적으로 검토해 줄 수 있는 감수자(audit)를 구한다.

5) 신뢰도와 타당도를 높이기 위한 전략 구사하기

신뢰도가 일관성 있는 결과를 반복적으로 산출하는 것이라면, 타당도는 우리가 탐구하고자 하는 내용을 정확하게 살펴보고 있는지를 확인하는 것이다. 신뢰도의 경우, 2인 이상 연구자의 분석 결과 일치도를 수치화하거나(예: kappa 지수 산출), 타당도의 경우, 이론적 타당성의 확보, 전문가(감수자) 검토 및 평정 등을 주로 활용한다.

예 6

예를 들어, 박은미와 이시연(2007)은 신뢰도와 타당도에 관하여 다음과 같이 서술하였다.

"본 연구는 자료 분석 과정에서 신뢰도와 타당도를 높이기 위하여 두 가지 방법을 병행하였다. 연구의 반복가능성을 높이기 위하여 연구 방법 선정에서 자료 분석에 이르기까지의 전 과정을 상세히 설명하고 제시함으로써 다른 연구자들이 연구의 전개 과정을 상세히 파악할 수 있도록 하였다. 또한 2명의 연구자로 연구팀을 구성하여 단위화, 범주화, 계량화 등 자료처리과정에 있어서 각자 코딩을 한 후에 그 결과를 비교하여 합의하는 교차검증을 실시함으로써 신뢰도와 타당도를 확보하고자 하였다."

제7장 결과 및 해석 I : 양적 연구

이 장에서는 제5장의 분석방법에서 예시한 몇 가지 통계분석방법에 따라 적절한 결과 제시 및 해석의 방법에 대해 알아볼 것이다. 이를 위해 기존에 수행된 연구결과들을 예시하면서 결과를 제시하고 적절한 해석하는 방법을 살펴보고자 한다.

1 기술통계 결과

기술통계 결과는 빈도분석이나 기술통계분석을 통해 나오는 것으로 연구 자료의 기초 분석에 필요한 절차라고 볼 수 있다.

1) 빈도분석 결과

빈도분석은 연구대상자의 인구통계학적 배경(아동의 성별 또는 학년)에 대해 기술할 때 주로 사용된다. 그리고 범주변수로 이루어진 문항의 분석에서도 이용되는데, 아동이나 교사 등을 대상으로 한 의견조사의 경우 빈도분석을 통해 기초적인 자료 분석을 할 수 있다.

예 1

연구대상의 인구통계학적 배경에 대한 빈도분석 결과를 제시하면 다음과 같다.

총 420부의 아동용 설문지를 연구대상에게 배부하였고, 미기재 문항이 많거나 불성실한 자료 18부를 제외한 402부의 자료를 분석에 이용하였다. 연구대상의 일반적인 특성은 〈표 7-1〉에 제시하였는데, 5학년이 204명, 6학년이 198명이었고, 남학생이 200명, 여학생이 202명이었다.

〈표 7-1〉 연구대상의 인구통계학적 배경

성별 \ 학년	5학년	6학년	전체(%)
남	108(26.9)	92(22.9)	200(49.8)
여	96(23.8)	106(23.4)	202(50.2)
전체(%)	204(50.7)	198(49.3)	402(100.0)

예 2

빈도분석 중 범주변수인 두 변수를 동시에 비교할 수 있는 분석방법이 있다. 이를 교차분석이라고 하는데, 그것의 예시를 제시하면 다음과 같다.

아동이 인식한 성적수준과 자신감수준의 관계를 파악하기 위해 교차분석을 시도하였다. 〈표 7-2〉에서 보면, 아동의 성적수준에 따른 자신감수준의 분포에는 통계적으로 유의미한 차이가 있는 것을 알 수 있다. 〈표 7-2〉를 보면, 자신이 또래보다 더 공부를 잘한다고 인식하는 아동 중, 자신감이 높은 아동의 비율(42.2%)이 보통(24.2%)이나 못한다고 생각하는 아동 중 자신감이 높은 아동의 비율(13.2%)에 비해 높고, 이에 반해 공부를 못한다고 인식하는 아동은 보통이나 잘한다고 생각하는 아동에 비해 자신감이 낮은 아동의 비율이 더 높은 것으로 나타났다. Pearson X^2값이 20.871로 나타나 $p<.01$ 수준에서 이러한 차이는 통계적으로 유의한 것으로 볼 수 있다.

〈표 7-2〉 성적수준과 자신감수준 간의 교차분석 결과

변인		자신감수준			전체	Pearson X^2
		낮음	보통	높음		
성적 수준	못함	16	50	10	76	
		21.1%	65.8%	13.2%	100.0%	
	보통	37	189	72	298	20.871**
		12.4%	63.4%	24.2%	100.0%	
	잘함	9	39	35	83	
		10.8%	47.0%	42.2%	100.0%	
전체		62	278	117	457	
		13.6%	60.8%	25.6%	100.0%	

** $p<.01$

2) 기술통계분석

기술통계분석에서 얻어지는 결과는 빈도분석의 통계량과 거의 유사하다. 그러나 빈도분석이 범주변수의 값을 다루는 데 비해, 기술통계분석은 연속적인 변수값인 양적변수를 다룬다. 기술통계분석은 분포의 일반적 특성을 알아보기 위해 사용되는데, 기술통계치의 해석을 위해서는 대표적인 집중경향값으로 볼 수 있는 평균(mean: M)과 분포가 평균값에서 어느 정도 떨어져 있는지를 알수 있는 산포도 측정도구인 표준편차(standard deviation: SD), 그리

고 최소값과 최대값을 참고하는 것이 일반적이다.

예 3

기술통계분석의 결과 제시와 해석 방법은 다음과 같다.

자아효능감 검사의 기술통계 결과는 〈표 7-3〉과 같다. 〈표 7-3〉에서
보면, 연구대상의 자신감의 평균은 2.74, 표준편차는 .43이고, 자기조절
효능감의 평균은 2.87, 표준편차는 .43이고, 과제난이도선호의 평균은
2.65, 표준편차는 .54이고, 자아효능감 전체점수의 평균은 2.77, 표준편
차는 .40임을 알 수 있다. 자아효능감 검사가 4점 척도로 되어 있고,
2점이 '그렇지 않은 편이다'이고 3점이 '그런 편이다'라고 볼 때 연구대
상자들은 2.65~2.87의 평균을 보이므로, 보통 수준의 자아효능감을 가
지고 있다고 볼 수 있다.

〈표 7-3〉 자아효능감 검사의 기술통계 (N=754)

요인	평균	표준편차	최소값	최대값
자신감	2.74	.43	1.20	4.00
자기조절효능감	2.87	.43	1.00	4.00
과제난이도선호	2.65	.54	1.29	4.00
자아효능감	2.77	.40	1.20	3.93

Q & A

"기술통계분석 결과를 기술할 때 유의할 점은 무엇인가?"

기술통계는 추리통계와 다르다. 추리통계에서도 평균과 표준편차와 같은 기술통계값을 보고하지만, 추리통계의 경우는 평균들을 통계적으로 비교한 것이어서 어떤 집단의 평균이 다른 집단의 평균보다 '높다.' 또는 '낮다.'라고 기술할 수 있는데 비해 기술통계의 결과만을 가지고 어떤 평균이 다른 평균에 비해 '높다.' 또는 '낮다.'라고 기술하는 것은 지양해야 한다. 예를 들어, 앞의 〈표 7-3〉에서 자기조절효능감의 평균 2.87은 과제난이도선호의 평균 2.65와 수치상으로는 차이가 나지만, 둘의 평균은 평균차이비교 분석을 통해 비교를 한 것이 아니므로 어느 것이 더 '높다.'거나 '낮다.'라고 기술하는 것은 잘못된 것이다.

그리고 통계패키지의 발달로 평균과 표준편차가 소수점 4자리 또는 5자리까지 계산되어 나오는데 그 결과를 보고할 때는 소수점 셋째자리에서 반올림하여 둘째자리까지만 보고하는 것이 좋다. 또, 평균을 보고할 때는 하위요인의 합산점수의 평균이나 전체 합산 점수의 평균을 보고하기보다는 문항 수만큼 나눈 수치인 문항평균값을 보고하는 것이 독자가 평균의 의미를 쉽게 파악하는 데 도움을 줄 수 있다.

2 평균차이비교 분석 결과

평균차이비교 분석은 두 집단 이상의 평균 차이를 알아보는 데 사용한다. 여기서는 두 집단의 평균을 비교하는 독립표본 T-검정의 결과와 세 집단 이상의 평균을 비교하는 일원변량분석 결과 및 해석에 대해 기술하고자 한다.

1) 독립표본 T-검정 결과

독립표본 T-검정은 두 표본이 추출된 모집단이 서로 독립적일 때 두 집단의 평균에 차이가 있는지를 비교하기 위해 사용하는 통계적 방법이다. 모집단이 독립적이라 함은 두 모집단에서 표본을 추출할 때 한 모집단에서의 표집이 다른 모집단의 표집에 영향을 미치지 않는 것을 의미한다. 부부 간의 결혼만족도를 비교하고자 할 때 남편 모집단에서 남편 표본을 추출하고 아내 모집단에서 아내 표본을 추출한다면 독립표본이 되지만, 남편 모집단에서 남편 표본을 추출하고 표본집단에 속한 남편들의 아내들만 아내 표본으로 추출하게 된다면 그것은 종속표본이 된다. 독립표본 T-검정은 초등학교 5학년 남녀아동의 자아효능감에 차이가 있는지를 알아본다든지 실험집단과 통제집단의 사후검사결과에 차이가 있는지를 알아보고자 할 때 사용한다.

독립표본 T-검정을 사용하기 위해서는 종속변수가 반드시 양적 변수여야 한다. 양적 변수가 아닌 범주변수의 비교는 독립표본 T-검정보다는 앞에서 예시한 교차분석을 활용하는 것이 더 좋다. 상담전공에서 설문지나 검사를 활용할 때 Likert 척도로 된 것을 많이 사용하는데, Likert 척도는 개별 문항일 경우에는 서열척도(범주변수)이지만 개별문항 점수의 합을 이용하려고 한다면 양적 변수로 간주할 수 있다.

예 **4**

독립표본 T-검정의 결과 제시와 해석 방법은 다음과 같다.

남녀아동의 자아효능감, 성취동기, 공동체성 및 자기이해가 차이가 있는지를 알아보기 위해 독립표본 T-검정을 시도하였다. 〈표 7-4〉에서 보면, 남아의 성취동기 평균은 3.11, 여아의 성취동기 평균은 3.18로 유의수준 .05에서 성별에 따라 성취동기에 차이가 있으며, 여아가 남아에 비해 성취동기가 더 높은 것으로 나타났다. 공동체성에서도 남아의 평균이 2.94, 여아의 평균이 3.03으로 유의수준 .05에서 성별에 따라 공동체성에 차이가 있으며, 여아가 남아에 비해 공동체성이 더 높은 것으로 나타났다. 이에 반해 자아효능감은 남아의 평균이 2.78, 여아의 평균이 2.77, 자기이해는 남아의 평균이 2.91, 여아의 평균이 2.92로 나타났고, 자아효능감과 자기이해에서는 성별에 따라 차이가 없는 것으로 나타났다.

〈표 7-4〉 성별 자아효능감, 성취동기, 공동체성 및 자기이해의 차이

요인	성별	N	평균	표준편차	t
자아효능감	남	380	2.78	.43	.279
	여	374	2.77	.36	
성취동기	남	380	3.11	.53	−2.034*
	여	374	3.18	.50	
공동체성	남	380	2.94	.58	−2.235*
	여	374	3.03	.51	
자기이해	남	380	2.91	.45	−.323
	여	374	2.92	.43	

* $p < .05$

Q & A

"유의수준 또는 유의확률(p)을 어디에다 표시하는 것이 좋을까?"

선행연구를 개관하다 보면 유의수준 또는 유의확률을 표시하는 방식이 연구마다 다르다는 것을 알 수 있을 것이다. 유의수준 또는 유의확률이 표 안에 표시된 경우도 있고 표 아래에 따로 표시된 경우도 있다. 〈표 7-5〉처럼 유의수준 또는 유의확률을 표 안에 집어넣는 것이 좋을까, 아니면 〈표 7-6〉처럼 표 안에는 '*'만 표시하고 표 아래에 '*'의 의미를 따로 표시하는 것이 좋을까?

〈표 7-5〉 성별 성취동기의 차이

요인	성별	N	평균	표준편차	t	p
성취동기	남	380	3.11	.53	-2.034	.042
	여	374	3.18	.50		

〈표 7-6〉 성별 성취동기의 차이

요인	성별	N	평균	표준편차	t
성취동기	남	380	3.11	.53	-2.034*
	여	374	3.18	.50	

* $p < .05$

요즘에는 둘 다 허용되는 추세다. 표 안에다 유의확률을 표시하는 경우 통계분석 결과 산출된 유의확률값을 정확하게 표시할 수 있다는 장점이 있다. 반면, 유의수준을 표 아래에다 표시하는 경우에는 정확한 유의확률이 표시되지는 않으며 표 아래에 제시한 유의수준에 포함되느냐의 여부만 알 수 있다. 표 안에다 유의확률을 표시하는 것이 보다 정확해 보이기는 하지만, 추리통계의 절차는 연구자가 유의수준을 먼저 정해 놓고 그 유의수준에 비추어 가설채택과 기각을 결정하게 되어 있으므로 이 절차에 맞게 하려면 표 아래에 유의수준을 따로 표시하는 것이 더 바람직하다고 볼 수 있다.

2) 일원변량분석 결과

일원변량분석은 셋 이상의 집단 간에 차이가 있는지를 검정하는 통계적 방법으로, 독립변수는 범주변수로서 변수의 수가 하나이고, 그 값(집단)은 3개 이상을 가져야 하며, 종속변수는 양적 변수여야 한다. 성적이 상, 중, 하인 집단의 자아존중감에 차이가 있는지를 비교하는 것을 예로 들 수 있다.

예 5

일원변량분석의 결과 제시와 해석 방법은 다음과 같다.

아동이 인식한 부모의 양육태도에 따라 부모-자녀관계에 차이가 있는지를 알아보기 위해 일원변량분석을 시도하였다. 〈표 7-7〉에서 보면, 아동이 인식한 부모의 양육태도가 엄격하다고 지각한 아동집단의 부모-자녀관계의 평균은 3.11, 보통이라고 지각한 아동집단의 평균은 3.54, 온유하다고 생각한 아동집단의 평균은 4.16인데, 세 집단의 평균 차이에 대한 F값이 43.310로 $p < .01$ 수준에서 의미 있는 차이가 있는 것으로 나타났다. 이러한 차이에 대해 Scheffe 사후검정을 한 결과 부모의 양육태도가 온유하다고 인식한 아동집단이 보통이라고 인식한 아동집단에 비해 통계적으로 더 높은 점수를 보였고, 보통이라고 인식한 아동집단이 엄격하다고 인식한 아동집단보다 통계적으로 더 높은 점수를 보였다. 따라서 부모의 양육태도에 따라 부모-자녀관계는 유의한 차이가 있다고 볼 수 있다.

〈표 7-7〉 부모의 양육태도에 따른 부모-자녀관계의 차이

종속변인		N	평균	표준편차	F	Scheffe 사후검정
부모-자녀관계	엄격(a)	37	3.11	1.02	43.310**	a<b<c
	보통(b)	250	3.54	.79		
	온유(c)	170	4.16	.73		
	합계	457	3.73	.86		

** $p<.01$

3 상관연구결과

상관연구는 연구에서 수집한 자료들을 통계적으로 분석하고 해석하는 데 초점을 두는 연구로서, 어떤 사건이나 현상에 내재되어 있는 두 변인 또는 그 이상의 변인 간의 일반적인 관계를 규명하는 데 더 역점을 둔다. 여기서는 둘 이상의 변인들이 함께 변하는 정도와 그 관계의 정적 또는 부적인 방향을 제시하는 상관분석과, 둘 이상의 독립변인의 변화로부터 하나의 종속변인의 변화를 예측하는 데 사용하는 중다회귀분석 결과 해석에 대해 다루고자 한다.

1) 상관분석 결과

상관분석은 변인 간의 인과관계를 규명하는 데 필요한 기초정보를 제공한다. 하지만 상관관계 자체가 인과관계는 아니며, 상관

은 두 변인이 서로 관련된 정도만을 뜻한다. 만일 두 변인들 간에 상관이 높다고 한다면, 그 변인들은 같이 변하는 경향이 있다는 것이 예컨대, 성적과 자아효능감 간에 상관이 있다면 성적이 높은 아동은 자아효능감이 높다고 볼 수 있다. 그러나 이것이 성적은 자아효능감의 원인이 된다는 것을 말하지는 않는다. 단지, 어떤 아동의 성적이 높으면 그 아동은 자아효능감이 높을 가능성이 크다고 예언할 수 있게 해줄 뿐이다. 따라서 상관분석 결과를 해석할 때는 인과관계가 있는 것처럼 기술하기보다는 변인들 간의 관련성에만 초점을 맞춰 기술하는 것이 좋다.

상관분석을 하기 위해서는 둘 이상의 변인의 변수들이 연속변수인 양적변수여야 한다. 양적변수들 간의 상관은 Pearson의 적률상관계수를 구하는 것을 통해 산출할 수 있다. 두 변수가 모두 서열척도(등위)일 경우에는 Spearman의 등위상관계수를 구해야 하는데, 상담 및 심리 전공의 연구들은 대부분 양적변수를 사용하는 경우가 많으므로 여기서는 Pearson의 적률상관계수만을 예시하기로 한다.

예 6

상관분석 결과 제시와 해석 방법은 다음과 같다.

초등학생의 자아효능감, 성취동기, 공동체성 및 자기이해 간의 관계를 파악하기 위해 Pearson의 적률상관관계분석을 시도하였다. 〈표 7-8〉에서 보면, 아동의 자아효능감은 성취동기(r=.678, p<.01), 공동체성(r=.498, p<.01), 자기이해(r=.508, p<.01)과 유의미한 정적 상관관계를 보이고, 아동의 성취동기는 공동체성(r=.560, p<.01)과 자기

이해($r=.533$, $p<.01$)과 유의미한 정적 상관관계를 보이고, 공동체성
은 자기이해($r=.431$, $p<.01$)와 유의미한 정적 상관관계를 보인다는 것
을 알 수 있다. 따라서 아동의 자아효능감, 성취동기, 공동체성 및 자기
이해 간에는 서로 관련이 있다고 볼 수 있다.

〈표 7-8〉 자아효능감, 성취동기, 공동체성 및 자기이해 간의 관계 ($N=754$)

변인	자아효능감	성취동기	공동체성	자기이해
자아효능감	–			
성취동기	.678**	–		
공동체성	.498**	.560**	–	
자기이해	.508**	.533**	.431**	–

** $p<.01$

Q & A

"상관관계분석 결과를 기술할 때 유의할 점은 무엇인가"

위에서도 언급했듯이 상관관계 자체가 인과관계를 의미하는 것은 아
니다. 상관계수가 둘 이상의 변인들 간의 관련성 또는 경향성 정도를 표
시해 주는 것이지만 결과를 기술할 때 인과관계가 있는 것처럼 기술하는
것은 지양하는 것이 좋다. 예를 들어 위의 예시 결과에서 '자아효능감이
높을수록 성취동기가 높다.'라고 기술하게 되면 자아효능감이 원인이 되
고 성취동기가 결과인 것으로 오해할 소지가 있다. 따라서 '자아효능감
과 성취동기 간에는 관련이 있다.'는 정도로 기술하는 것이 좋다.

또 하나 유의할 점은 2개 이상의 상관계수를 수치만 비교해서 어느 것
이 '높다.' 또는 '낮다.'라는 식으로 기술하는 것도 지양해야 한다는 것이
다. 여러 상관계수 중에서 다른 것보다 아주 높거나 낮은 경우 그것을 부
각시켜 특징적으로 기술할 수도 있겠지만, 상관계수의 차이를 통계적으
로 비교하여 검정한 것은 아니므로 어떤 변인 간의 상관이 다른 변인 간
의 상관보다 높다라는 식으로 기술하는 것은 좋지 않다.

그리고 어떤 변인 간의 상관계수가 유의수준 안에 포함되어 '*'이 붙어 있다고 해서 '둘 간에 상관이 있다.'거나 '높다.'라는 식으로 해석하는 것도 유의해야 한다. 사실 상관분석에서 "둘 간의 상관이 '0'이다(H_0: $\rho =$ 0)."라는 것이 영가설이고, "둘 간의 상관이 '0'이 아니다(H_A: $\rho \neq 0$)."라는 것이 대체 가설인데, 가설 검정에서 유의하다는 것은 영가설을 기각하는 수준이므로 '상관이 0은 아니다.', 다시 말하면, '둘 간에 상관이 없는 것은 아니다.'라는 정도로 받아들이는 것이 더 타당하다고 볼 수 있다.

2) 중다회귀분석 결과

중다회귀분석은 여러 독립변수를 최적으로 결합하여 하나의 종속변수를 예언하는 정확성을 높이려는 통계방법으로, 일반적으로 독립변수가 많으면 종속변수 변산을 더 많이 설명할 수 있다. 중다회귀분석 방식은 크게 입력방법(enter method), 전진선택법(forward selection method), 후진제거법(backward elimination method), 단계선택법(stepwise selection method) 등이 있다(성태제, 2007).

입력방법은 연구자가 선택한 독립변수들이 회귀모형에 동시에 투입되는 것으로서, 독립변수가 어떤 순서에 의해 투입되는 것이 아니라 한꺼번에 투입되어 회귀모형을 결정한다. 전진선택법은 독립변수를 하나도 포함하지 않은 회귀식에서 출발하여, 연구자가 정한 기준에 따라 독립변수를 하나씩 회귀식에 추가하는 방법이다. 후진제거법은 모든 독립변수를 포함하여 모형을 추정한 후 종속변수를 설명하는 데 기여도가 낮은 독립변수부터 모형에서 제거하고 재추정하여 기여도가 사전에 설정한 일정량보다 낮은 변수가 없을 때까지 계속 제거한 후, 남아 있는 변수로 최종 모형

을 결정하는 것이다. 단계선택법은 독립변수의 추가와 제거를 적
절히 조합하여 최선의 회귀식을 도출하는 방법이다. 변수를 하나
씩 추가해 나갈 때 이미 모형에 포함된 변수 각각에 대해 유의성을
검정하여 유의하지 않으면 제거하는 방법으로, 현재 가장 많이 사
용하고 있다.

예 7

중다회귀분석 결과 제시와 해석 방법은 다음과 같다.

초등학생의 성취동기, 공동체성 및 자기이해를 독립변수로 하여 초등
학생의 자아효능감에 대한 중다회귀분석을 하였다. 변수 투입방식은 단
계선택법(stepwise selection method)을 사용하였다. 3개의 독립변
수 모두 자아효능감을 측정하는 모형에 유의한 것으로 나타났으며 〈표
7-9〉에서 보면 세 변수가 포함된 모형의 F 통계값은 252.749, 유의확
률 $p < .01$ 수준에서 모형에 포함된 독립변수는 초등학생의 자아효능감
을 유의하게 설명하고 있으며, 자아효능감 총 변화량의 50.3%(수정
결정계수는 50.1%)가 독립변수에 의해 설명되고 있다.

〈표 7-9〉 회귀모형에 대한 분산분석표(N=754)

	제곱합	자유도	평균 제곱	F
회귀모형	61.527	3	20.509	252.749**
잔차	60.857	750	.081	
합계	122.384	753		
R^2(adj. R^2)=.503(.501)				

** $p < .01$

　개별 독립변수의 자아효능감에 대한 기여도와 통계적 유의성을 검정한 결과〈표 7-10〉 참조), 유의수준 .05에서 자아효능감에 유의하게 영향을 미치는 독립변수는 성취동기($t=14.976$, $p<.01$), 자기이해($t=5.797$, $p=.000$), 공동체성($t=4.357$, $p=.000$)이며, 독립변수의 상대적 기여도를 나타내는 표준화계수는 성취동기(.505), 자기이해(.180), 공동체성(.138) 순으로 자아효능감에 영향을 미치고 있는 것으로 나타났다.

〈표 7-10〉 자아효능감에 대한 중다회귀분석($N=754$)

독립변수	비표준화 계수		표준화 계수 (β)	t
	B	표준오차		
(상수)	.762	.078		9.750**
성취동기	.393	.026	.505	14.976**
자기이해	.163	.028	.180	5.797**
공동체성	.101	.023	.138	4.357**

** $p<.01$

　한편, 제5장에서 Baron과 Kenny(1986)가 제시한 3단계 매개 회귀분석을 소개했는데, 그 방법을 활용하면 매개효과를 살펴볼 수도 있다.

예 **8**

   윤경미와 여태철(2013)의 연구에서 사용한 3단계 매개 회귀분석의 예
를 소개하면 다음과 같다.

   〈표 7-11〉에서와 같이 어머니의 권위 있는 태도와 학업적 지연행동
간의 관계에서 사회적으로 부과된 완벽주의의 매개효과를 살펴보면, 권
위 있는 태도는 사회적으로 부과된 완벽주의(β=-.130, p<.05)와 학업
적 지연행동(β=-.328, p<.001)에 모두 유의한 영향을 미치고
있어 1단계와 2단계 모두를 충족하고 있음을 알 수 있다. 또한 권위 있
는 태도와 사회적으로 부과된 완벽주의를 독립변인으로 함께 투입하여
회귀분석한 결과 권위 있는 태도는 그 영향력이 두 번째 단계보다 줄어
들었고(β=-.312, p<.001) 동시에 사회적으로 부과된 완벽주의는 종속
변인인 학업적 지연행동에 유의한 영향(β=.117, p<.05)을 미치는 것으
로 나타났다. 즉, 사회적으로 부과된 완벽주의는 권위 있는 태도가 학업
적 지연행동에 미치는 영향에서 부분매개하는 것으로 나타났다. 학업적
지연행동에 대한 독립변인의 설명력은 권위 있는 태도 단독일 경우에
는 10.7%, 사회적으로 부과된 완벽주의가 포함된 경우에는 12.1%로 나
타났다.

〈표 7-11〉 어머니의 권위 있는 양육태도와 학업적 지연행동 간의 관계
에서 사회적으로 부과된 완벽주의의 매개효과(N=373)

단계	독립변인	종속변인	β	t	R^2	F
1	권위 있는 태도	사회부과 완벽주의	-.130	-2.520*	.017	6.352*
2	권위 있는 태도	학업적 지연행동	-.328	-6.677***	.107	44.586***
3	권위 있는 태도	학업적 지연행동	-.312	-6.353***	.121	25.414***
	사회부과 완벽주의		.117	2.383*		

* p<.05, ** p<.01, *** p<.001

예 **9**

　　3단계 절차를 마친 후에는 독립변인에서 매개변인을 거쳐 종속변인에 영향을 미치는 매개효과가 유의한지를 Bootsrapping 등 절차를 통해 확인하여야 한다. 아래는 Bootsrapping 결과를 제시한 예이다. Bootstrapping방식의 경우 95% 신뢰수준에서 하한값과 상한값을 계산한 후, 이 값 사이에 0이 포함되지 않으면 유의한 것으로 해석한다.

　　부트스트랩 방식을 활용해 간접효과를 추정한 결과 효과값은 .17 (S.E.=.06)로 나타났으며, 95% 신뢰수준에서 하한값 0.07, 상한값 0.40으로 유의한 것으로 나타났다. 분석 결과를 〈표 7-12〉에 제시하였다.

〈표 7-12〉 매개효과에 대한 부트스트래핑 검정 결과

매개변인	계수	S.E.	95% 신뢰구간	
			하한값	상한값
사회부과 완벽주의	0.17	0.06	0.07	0.40

　　조절효과의 경우 조절효과의 유의성을 먼저 검정한 후, 조절효과가 유의하다면 이어서 단순 기울기 분석 결과를 제시한다. 이때는 Aiken과 West(1991)가 제안한대로 특정 독립변인이 평균인 경우, 평균보다 1표준편차 높은 경우, 평균보다 1표준편차 낮은 경우로 나누어 살펴보는 것이 일반적이다.

예 10

김명섭, 김가현, 정지연(2020)의 연구에서 사용한 회귀분석을 활용한 조절효과 분석의 예를 소개하면 다음과 같다.

〈표 7-13〉에서와 같이 사회 부과 완벽주의가 높을수록 자기손상화 전략 사용이 높았으며, 성장 마인드셋이 높을수록 자기손상화 전략 사용이 낮은 것으로 나타났다. 또한, 사회 부과 완벽주의와 성장 마인드셋 간 조절효과 또한 유의한 것으로 나타났다, $B=-0.20$, SE$=0.09$, $p=.034$. 조절효과의 패턴을 구체적으로 확인하기 위해 성장 마인드셋 수준이 평균인 경우, 평균보다 1표준편차 높은 경우, 평균보다 1표준편차 낮은 경우로 구분하여 사회 부과 완벽주의와 자기손상화 전략 사용 간의 관계를 살펴보았다(Aiken & West, 1991). 분석 결과 세 집단 모두 자기 부과 완벽주의가 높을수록 자기손상화 전략 사용이 높아지는 것으로 나타났지만, 그 효과는 성장 마인드셋이 높을수록 작아지는 것으로 나타났다. 즉, 평균보다 1표준편차 낮은 경우 자기 부과 완벽주의와 자기손상화 전략 사용 간의 회귀계수가 .35($p<.001$)로 나타난 반면 평균인 경우에는 .26($p<.001$), 평균보다 1표준편차 높은 경우에는 .17($p=.009$)로 나타나 성장 마인드셋이 높을수록 사회 부과 완벽주의가 자기손상화 전략 사용에 미치는 영향은 낮게 나타났다.

〈표 7-13〉 사회부과 완벽주의와 성장 마인드셋이 자기손상화 전략에 미치는 영향(N=201)

독립변인	R^2	B	SE	β	t	95% 신뢰구간 [하한값, 상한값]
사회부과 완벽주의 (A)	.22***	−0.56	0.12	−0.29	−4.60***	[−0.80, −0.32]
성장 마인드셋 (B)		0.26	0.49	0.34	5.35***	[0.16, 0.35]
A × B		−0.20	0.09	−0.14	−2.14*	[−0.38, −0.02]

* $p<.05$, ** $p<.01$, *** $p<.001$

결과 및 해석 II: 질적 연구

질적 연구는 결과를 보고하고 제시하며 서술하는 결과의 구성과 문체에서 양적 연구와 구분되는 고유하고 독특한 특징들을 가지고 있다. 질적 연구의 구성과 문체는 연구결과를 효과적으로 드러내고, 독자의 원활한 이해를 도우며, 연구의 질적 수준을 판단하는 중요한 기준이 된다. 이 장에서는 질적 연구 글쓰기와 문체, 결과의 구조, 각 연구방법별 결과 제시의 특징에 대해 다룬다.

1 질적 연구 글쓰기와 문체

질적 연구만의 글쓰기와 문체에서 중요하게 생각해야 할 점을 다루기 전에 일반적인 논문 글쓰기(academic writing)의 요건을 간단히 검토해 보고자 한다. 첫째, 전달하고자 하는 핵심 주제를 분명하게 한다. 한 문단에는 하나의 주제를 다루고, 하나의 문장에는 하나의 내용만 담도록 한다. 둘째, 글의 내용이 논리적이고 체계적으로 구성되도록 작성한다. 문단은 주제를 전달하는 핵심 문장과 핵심 문장에 대한 구체적인 근거나 사례를 설명하는 뒷받침 문장으로 구성하는 것이 일반적이다. 문장과 문장이, 문단과 문단이 자연스럽게 연결되도록 흐름을 신경 쓴다. 셋째, 간결한 문장으로 작성한다. 세 줄 이상 넘어가는 문장은 대체로 주술 호응이 맞지 않는 비문이 되거나 이해하기 어려운 문장이 된다.

질적 연구결과를 서술할 때에는 기술, 분석, 해석이 균형과 조화를 이루는 것이 중요하다(조용환, 2002). 기술이란 연구에서 다루는 현상이나 경험을 생생하고 구체적으로 묘사하는 것으로 독자가 참여자의 경험을 대리 경험하고 공유할 수 있도록 도와준다. 기술은 사건이나 경험을 단순히 시간 순서로 나열하는 것이 아닌 의미 있는 방식으로 제시하는 것이다(조용환, 2002). 분석은 자료 내용의 핵심을 파악하고, 내용과 패턴을 분류하여 결과를 구성하는 것이다. 마지막으로, 해석은 연구주제의 맥락과 선행연구 및 이론을 바탕으로 결과의 의미를 살펴보고 연구자가 이해하고 설명하는 것이다(김병욱, 2018; 이정빈, 2018).

예 1

기술의 예

초등학생의 또래관계 상실 경험을 연구한 이재용(2017)은 또래관계가 깨진 후 아동의 경험을 마치 소설 속의 한 장면처럼 생생하게 서술하고 있다.

"누군가와의 침묵이 길어지면 아이들은 고민하기 시작한다. 시간이

흐르면서 왜 싸웠는지는 기억에서 점차 멀어지고, 불편한 그 순간에 주목하게 된다. 이 어색한 침묵을 빨리 깨버리고 싶지만 누가 무슨 잘못을 했는지조차 분명하지 않은 순간에 먼저 손을 내밀기란 쉽지 않은 일이다. 서로 말을 걸지 않으며 일주일을 버티던 아이들은 평소 익숙했던 자신의 모습을 잃어버리게 된다. 언제나 쉬는 시간이면 서로의 자리로 뛰어와서 같이 화장실도 다니고 도란도란 수다를 떨곤 했던 자신의 일상이 달라졌음을 느끼게 되는 것이다."(175쪽)

예 2

분석의 예

탈북청소년의 남한사회 적응과 대처 경험을 살펴본 오주리와 이수연(2010)은 참여자들이 학교에서 탈북사실을 어떻게 처리하였는지 살피면서 다음과 같이 분류하고 정리하였다.

"참여자들은 탈북사실의 노출여부에 따라 많은 시행착오를 경험하였는데 양쪽 모두 어려운 선택이었음을 고백하였다. 탈북사실을 노출한 경우 교우들의 차별과 무시로 소외감과 열등감을 경험하였고, 이것이 대인관계 위축으로 이어져 학교적응이 어려웠다. 반면 주변 사람들 혹은 교사의 권유로 남한학교에 편입할 때부터 강원도 혹은 조선족 출신이라고 말하고 탈북사실을 알리지 않음으로써 언어나 문화 차이로 인한 시선을 자연스럽게 넘기면서 한결 적응하기가 수월하다고 느꼈다. 그러나 새터민으로서 당당하게 자신을 이야기하지 못한다는 사실이 지속적인 정체성 혼란으로 이어졌다고 한다."(1815쪽)

예 3

해석의 예

중증장애인의 비장애 형제로 살아가는 경험을 살펴본 류수민과 한영

> 주(2015)는 참여자들의 발언을 토대로 그들의 삶을 장애와 비장애의 경계에 서 있는 것으로 해석하고 있다.
>
> "장애라는 게 특별할 건 없다"고 여러 번 강조하지만, 동시에 "누구도 나의 특별한 상황을 이해할 수 없다"고 말하는 참여자들은 '특별하지만, 평범한' 경계에 서서 살아가고 있었다. 장애와 비장애의 경계에 서있는 이들은, 양쪽 영역 모두에게 속해있지만 완전히 속해있지 않는 중간적 위치에 있다고 느끼는 '경계에 선 감정'을 갖고 있음을 보고하였다. 참여자들은 장애와 비장애라는 이원적으로 분리하는 관점에 대해 불편감을 느끼지만, 자신들 또한 그 관점에 따라 세상을 구분하며 장애와 비장애라는 두 세계로 인식하고 있었으며 분리된 두 세계에 끼여 있는 존재로 느끼고 있었다. 경계에 선 참여자들은 양편을 모두 이해하고 대변할 수 있기도 했지만, 동시에 어느 세계에도 소속되지 못한다는 소외의 감정을 갖고 있었다(138쪽).

한편, 질적 연구 글쓰기는 양적 연구보다 상대적으로 창의적이거나 시적인 표현이 많이 사용되는 편이다. 특히 질적 연구에서는 은유(metaphor)가 자주 사용된다. 은유란 사물의 상태나 움직임을 암시적으로 나타내는 것으로(표준국어대사전) 서로 다른 사물이나 현상을 유사성에 기초하여 빗대어 표현하는 것이다. 대표적으로, 분석 결과 도출된 주제나 범주를 서술할 때 완성된 한 문장이나 어구로 제시할 수도 있지만 은유를 사용하여 표현할 수도 있다.

예를 들어, 초등학생의 자기가치 판단 근거를 연구한 김현령과 김혜숙(2017)은 간결한 어구로 영역과 범주를 제시하였다.

> 〈영역〉 신념
> 〈범주〉 자신의 유일무이함에 대한 신념, 생명의 소중함에 대한 신념, 모든 사람의 가치에 대한 신념, 신으로부터 부여된 자기가치에 대한 신념

이에 반해, 초등학생의 또래관계 상실 경험을 연구한 이재용(2017)은 어구로 상위 주제와 하위 주제를 제시하되 현상에 대한 보다 풍부한 상황을 담아내도록 표현하였다.

> 〈상위 주제〉 침묵 속에 남겨지다
> 〈하위 주제〉 평소와 다른 교실, 말을 걸어줄 친구가 없다는 것, 알면서도 모르는 척하기, 혼자만의 시간 속에서 침묵을 견디기

재혼 초기 모친과 동거하는 여자 중학생의 경험을 살펴본 박선영(2015)은 핵심 범주는 건조하게, 하위범주는 참여자의 목소리를 요약하여 표현함으로써 생생한 느낌을 주고 있다.

> 〈핵심 범주〉 재혼 전 단계에서의 갈등
> 〈하위범주〉 마음의 준비가 필요한데 몰라줘서 속상함, 엄마의 재혼은 곧 아빠를 못 만나게 되는 것, 모르는 사람한테 엄마를 뺏기는 기분

2 질적 연구결과의 구조

최근 질적 연구에서는 창의적이고 실험적인 방식의 글쓰기 전략이 도입되고 시도되고 있다. 그러나 아직 국내외 상담 연구에서 질적 연구는 미국심리학회(American Psychological Association: APA)의 출판매뉴얼을 기준으로 작성되고 있으므로, 이 절에서는 상담 연구에서 주로 보이는 질적 연구결과 기술 방법을 다루도록 하겠다.

1) 전체 연구결과 제시

질적 연구는 일반적으로 도출된 주제(theme)나 상위 범주를 중심으로 결과를 기술하며, 구체적인 범주화 및 주제 내용(하위범주, 상위범주, 주제) 등은 요약하여 하나의 표로 제시하고 근거이론 연구는 표와 더불어 개발한 모형을 그림으로 제시한다. 연구결과 영역은 연구주제나 연구자의 선호에 따라, ① 전체 연구결과를 요약하고 도출된 주제 및 상위 범주를 소개하면서 시작하거나 ② 연구문제 순서에 따라 소제목과 해당 결과를 제시하면서 시작한다.

(1) 연구결과 요약 후 주제 및 범주 소개

인터넷 · 스마트폰 중독 성향 자녀를 둔 어머니의 스트레스를 연구한 우정애와 김성봉(2014)은 다음과 같이 연구결과를 요약하면서 결과 영역을 서술하였다.

"인터넷 · 스마트폰 중독예방을 위한 부모교실에 참가한 어머니들의 체험은 연구참여자 21명의 인터뷰 내용을 토대로 분석하여 54개의 의미 있는 진술문 중에서 13개의 구성된 의미와 9개의 주제, 6개의 본질적 주제를 도출하였다. 본질적 주제에 따른 구성된 의미는 불안, 자녀에 대한 분노, 자녀가 보고 배우는 환경을 두려워함, 자녀를 통한 자각, 좋은 어머니가 되고 싶은 소망, 중독 상담에 대한 인식부족, 가족 문화 활동의 필요, 강인한 의지로 도출하였고 표 2에 나타내었다." …… (중략) ……

(2) 연구문제 순서대로 결과 제시

초등교사의 학부모 민원 대처 과정을 연구한 엄정은과 이재용(2019)은 연구문제에 따라 결과를 "초등교사의 학부모 민원에 대한 정서적 반응" "초등교사의 학부모 민원 대처방식 선택과정" "초등교사의 학부모 민원 대처 후 영향" "초등교사의 학부모 민원 대처 과정"이라는 소제목으로 나누고 제시하였다.

2) 각 연구결과 세부 제시 및 인용 방법

연구결과에서 각 주제나 영역을 소개할 때에는 주제명과 그 의미를 개괄적으로 소개한 뒤, 하위범주별로 세부적인 내용을 다룬다. 한 주제나 영역에서는 핵심 내용을 설명을 한 후, 세부적인 내용을 다루며, 해당 내용을 핵심적으로 드러내거나 뒷받침할 수 있는 자료를 제시하면서 이를 분석 또는 해석하는 내용을 덧붙이기도 한다. 이 과정에서 일반적으로 연구참여자가 한 말을 갈무리하여 전달하거나 인용하여 제시한다. 연구참여자가 한 말을 인용문(quotes)라고 하며, 인용할 때에는 연구참여자가 한 말 그대로 수정 없이 적는 것이 원칙이다. 인용문을 짧게 제시할 때에는 따옴표를 이용하고, 한 문장 이상의 인용문을 제시할 때에는 본문보다 들여쓰기를 하고 줄 간격을 줄이고 활자 크기를 작게 한다.

교사가 인식한 학교 내 계층의 영향을 연구한 정애경과 신윤정(2021)에서는 하위범주를 간략하게 설명하고 하위범주에 해당되는 교사의 발언을 제시하는 방식으로 서술하였다.

교사 스스로의 인식 개선과 태도 변화

교사들은 자기 성찰과 노력이나, 학생 및 학부모와의 긍정적인 상호작용 경험을 통해 자신이 가졌던 계층에 대한 편견이나 고정관념 등 인식과 태도를 바꾸게 되었던 경험을 보고하였다. 예를 들어, 한 초등교사는 다음과 같이 자신의 경험을 서술하였다.

> "특별한 경험은 없지만 계층별 편견의 생각을 바꾸게 해주는 학생과 학부모를 만났을 때 잊었던 고정관념이 해소되기도 한다. 하위층 학생이지만 성실하게 노력하고 자기관리를 잘 하는 학생 또는 하위층 학부모로 자녀교육에 관심이 많고 학교에 우호적인 학부모 등"(초등 8)

교육대학원에서 상담을 전공하는 교사들의 경험을 연구한 박경애와 방기연(2007)은 주제를 뒷받침하는 다양한 인용문을 제시하였다.

학생 및 학부모 상담에 대한 학습 욕구

참여자들은 학생 및 학부모 상담에 대한 학습욕구가 교육대학원에

서 상담교육을 전공하게 된 동기가 되었다고 응답하였다. [중략] 교사
들은 시대가 변하면서 '예기치 않았던 학생들의 문제'가 출현하고 다
양화되면서 '학생들을 더 잘 도울 수 있는 전공이 상담'이라고 생각했
다. 또한 '오늘 배우면 바로 내일 즉시 현장에서 적용'할 수 있는 것이
상담전공이라고 생각하였다. 상담에 대한 학습 요구는 자신의 교사
로서의 한계 등을 느끼면서 명확해졌다고 교사들은 응답하였다.

> "2003년도에 3학년을 담임하게 되었어요. 담임 학급에 이상행동
> 을 하는 아이가 무려 7명이나 있었어요. 온종일 높은 소프라노 톤으
> 로 꽥꽥 소리를 지르지를 않나, 쉬는 시간이나 공부시간이나 상관
> 없이 책상 아래로 기어서 돌아다니는 아이,"(참여자 9)

3 연구방법론에 따른 결과 제시

질적 연구방법에서 몇몇 연구방법론은 결과를 제시하는 고유한
방법을 가지고 있다. 예를 들어, 현상학적 연구는 결과에서 도출
된 주제들을 각각 설명한 뒤에 이를 바탕으로 탐구한 현상에서 참
여자가 공통적으로 보고한 경험의 본질을 요약하여 제시한다. 예
를 들어, 이재용(2017)은 "초등학생이 또래관계에서 상실을 경험
한다는 것은 자신의 존재를 잊은 채 슬픔 속에 살아가는 일이다."
라고 정리하였다. 이 경험의 본질은 한 문장이 될 수도 있고, 한 문
단이 될 수도 있다.

근거이론 연구는 연구결과를 이론으로 제시하기 위하여 주로

패러다임 모형(Strauss & Corbin, 1990)을 이용한다. 패러다임 모형은 인과적 조건, 현상, 맥락, 중재적 조건, 작용·상호작용 전략, 결과로 이루어지며, 다이어그램 형태의 그림으로 제시된다. 우선, 현상은 연구주제에서 중심이 되는 사건이나 핵심적인 경험을 의미한다. 인과적 조건은 현상을 일어나게 하거나 촉진시키는 중요한 사건이나 변수를 말한다. 맥락은 현상에 영향을 미치는 사회문화적 배경이나 중요한 타인 등을 의미하며, 중재적 조건은 작용·상호작용 전략을 촉진시키거나 억제하고 조절하는 맥락을 일컫는다. 작용·상호작용 전략은 현상을 조절하고 수행하고 반응하는 데 사용하는 전략을 의미하며, 결과는 작용·상호작용 전략을 수행한 결과를 말한다. 예를 들어, 한국 집단상담 대가의 특성을 분석한 권경인과 김창대(2017)는 다음과 같이 연구결과를 구조화하였다.

> "본 연구에서 근거이론에서 제시하는 패러다임, 즉 인과적 조건, 현상, 맥락적 조건, 작용·상호작용, 결과에 따라 개념과 범주를 엮는 축코딩 과정을 통하여 분석을 실시하였다. 이를 통하여 집단상담 대가들이 집단상담을 선택한 배경, 집단상담 대가의 발달에서 주요 현상인 집단상담에 몰입, 집단상담 대가의 전문성 발달에 기여한 맥락, 집단상담 대가의 전문성 획득을 위한 전략에 영향을 준 중재적 요인, 집단상담 대가 성장을 위해 취하는 작용/상호작용 전략, 결과로서 탁월한 전문성의 획득 등을 살펴보았다."(988쪽)

CQR과 CQR-M 연구의 공통적인 특징은 결과를 제시할 때 빈

도를 표로 제시한다는 것이다. CQR과 CQR-M 연구는 영역, 범
주, 하위범주를 표로 제시할 때 하위범주에 대한 반응 빈도를 표시
한다. 특히 CQR에서는 빈도와 함께 범주들이 전체 사례 중 빈번
하게 적용되는 정도에 따라 일반적(general), 전형적(typical), 변동
적(variant)이라는 세 범주로 구분하여 표기한다(Hill. 2012). 한 범
주가 모든 사례 혹은 한 사례를 제외한 모든 사례에 나타나는 경우
'일반적', 모든 사례는 아니지만 절반 이상 사례에서 나타나는 경
우 '전형적', 적어도 두 사례 이상에서 절반 미만의 사례에서 나타
나는 범주는 '변동적'으로 구분하여 표기한다.

4　내용분석 결과 제시 예시

　내용분석의 경우, 연구의 핵심적인 결과를 표로 제시하는 것이
일반적이다. 표는 연구의 분석틀을 연구문제나 주제/영역에 따라
나누어 제시하며, 주로 범주, 빈도 및 비율이 표기된다. 필요하거
나 적절한 경우, 해당 범주의 예시가 인용문의 형태로 표에 포함되
기도 하며, 그렇지 않은 경우, 본문의 내용으로 제시된다.
　이 장에서도 제6장(질적 연구방법)과 마찬가지로 독자의 이해
를 돕기 위해 인터넷 상담자료를 통해 아동학대 행위자의 특성을
분석한 박은미와 이시연(2007), 청소년 상담사례 축어록을 가지고
내담자의 '정보요구'와 상담자의 '정보제공'을 살펴본 강혜영, 김계
현, 이재규(2019)를 예시로 활용하였다.

인터넷 상담자료를 통해 아동학대 행위자의 특성을 분석한 박
은미와 이시연(2007)은 결과를 연구문제에 따라 기술하였으며, 각
결과를 표로 요약하여 보여 주고 관련된 설명과 분석을 제시하는
방식으로 서술하였다. 예를 들어, 연구문제 중 하나인 학대행위자
와 피학대아동의 관계를 범주와 빈도 및 비율을 포함시킨 표로 제
시하고 표 내용을 요약하여 본문에 제시하였다(〈표 8-1〉 참조).

예 4

(*n* =98, 중복코딩)

범주	빈도(건)	비율(%)
가족	89	82.4
교육기관	15	13.9
이웃	1	0.9
파악 안 됨	3	2.8
계	108	100.0

출처: 박은미, 이시연(2007) 306쪽.

다른 연구문제인 가족에 의한 아동학대의 경우, 행위자와 피학
대아동의 관계 유형을 세분화하여 빈도 및 비율을 표기한 표를 제
시하고 내용을 요약하여 제시하였으며, 특이할 만한 점에 대해서
는 구체적인 설명이나 연구자의 해석을 덧붙였다. 연구자의 해석
은 단정적으로 서술하지 않고, "~로 볼 수 있을 것이다" "~라고
해석해 볼 수 있다" 등으로 가정적 표현을 사용하여 기술한다.

"먼저, 가족에 의한 학대는 앞의 예 4의 표에서 살펴볼 수 있듯

이, 부모에 의한 학대가 78건(87.7%)로 가장 많았고, 다음이 형제자매에 의한 학대로서 9건(10.1%)이 있었다. 그 외 친인척에 의한 학대가 1건, 구체적인 관계에 대한 묘사 없이 친권자로만 표시된 사례가 1건 있었다. 부모-자녀 관계에서는 친부모가 학대행위자인 경우가 59건으로 가장 높게 나타났고, 부모 모두가 학대를 하거나 부가 학대하는 경우보다 모가 학대하는 상황이 29건으로 가장 높게 나타났다. 계부모 관계에서도 계모(8건)가 계부(1건)보다 학대하는 빈도가 매우 높게 보고되었다. 이는 특히 인터넷상담의 특성이 반영된 결과라고 해석해 볼 수 있다. 본 연구의 대상이 되었던 인터넷상담의 경우, 학대의 피해아동이나 청소년에 의해서 부모의 학대에 대한 상담을 의뢰한 경우가 63.3%로서, 이들의 주관적인 경험에 대한 상담 내용에 기초하므로 부적절한 양육이나 형제간 차별대우, 청소년기 부모와의 갈등, 계모에 대한 상담의 비중이 높았는데, 우리나라의 가정양육 상황상, 자녀의 양육책임과 역할에 있어서 모의 비중이 높기 때문에 함께하는 시간과 상호작용이 상대적으로 많은 모의 학대비율이 높은 것이라 해석해 볼 수 있을 것이다."(306쪽)

한편, 청소년 상담사례 축어록을 가지고 내담자의 정보요구와 상담자의 정보제공을 살펴본 강혜영 외(2019)에서는 내용분석 결과를 내담자의 정보요구와 상담자의 정보제공으로 나누어 각각 하나의 표로 제시하였으며, 본문에는 표를 요약하여 기술하고, 해석은 논의에 서술하였다. 그 일부를 살펴보면 다음과 같다.

"청소년 상담사례에 나타난 '내담자 정보요구'와 '상담자 정보

제공' 반응을 내용 범주별로 분석한 결과는 다음과 같다. '내담자 정보요구' 범주는 6개 범주로 나타났고, 범주별 빈도를 보았을 때, '③ 추가 정보 및 확인에 대한 요구' 반응이 가장 많았다 (40.85%). 그다음 '① 호소문제 및 문제행동 이해에 대한 정보요구' '② 대처(대안적)행동 제시에 대한 정보요구' '⑤ 상담진행에 대한 정보요구' '④ 단순 정보요구'의 순으로 나타났다."

예 5

범주 번호	범주명	빈도(%)	반응 예시
1	호소문제 및 문제행동 이해에 대한 정보요구	13(18.31)	• 이게(내담자가 경험한 것) 성폭력이 맞나요? • 왜 애들이 왕따를 시킬까요?
2	대처(대안적) 행동 제시에 대한 정보요구	13(18.31)	• 네, 근데 못 받으면 어떡해요? • 흠, 어떻게 해야 할까요?
3	추가 정보 및 확인에 대한 요구	29(40.85)	• 또 뭐 했었죠? 뭐라고 했었죠? • 국어랑 영어만 좀 하면 될 거 같지 않아요?
4	단순 정보요구	6(8.45)	• 선생님, 이거 해우소는 뭐하는 거예요? • 근데 퍼펙트 뜻이 뭐예요?
5	상담진행에 대한 정보요구	9(12.68)	• 마지막 상담 때 엄마랑 같이 와도 돼요? • 상담을 몇 번 정도 안에 끝내야 좋을까요?
6	기타	1(1.41)	• 조사를 해 와야 해요. 정해서요, 그런데 우리 모둠은 저랑 ○○이랑 ##이랑 하기로 한 게 뭔지 아세요?
	계	71(100.00)	

제9장 논의

논의 부분은 연구의 결과를 요약하면서 결과에 대한 해석과 결과의 이론적·실제적 중요성에 대한 기술 등이 다루어지는 중요한 부분이다. 이 장에서는 논의에서 주로 다루어지는 내용과 논의 작성 시 주의점 등을 기술하였다.

1 논의에 포함되는 내용

논의에 포함되는 내용은 보통 연구 문제와 방법에 관한 간단한 요약, 연구의 결과 중 중요한 결과에 대한 강조, 연구결과의 이론적·실제적 함의, 연구의 제한점 및 후속연구에 대한 제언 등으로 이루어진다.

1) 연구문제와 연구방법의 간단한 기술

논의의 시작은 보통 연구문제와 연구방법에 대한 간단한 기술로 시작될 때가 많다. '이 연구에서는 부모의 양육태도가 아동의

내외통제성 및 학교성적과 관련되는지 탐색하였다. 연구의 참여
자는 경기 지역에 위치한 3개의 초등학교에 재학 중인 6학년 아동
200명과 아동의 어머니 200명이었다.' 와 같이 언급하는 것이 그
예다. 연구문제와 연구방법은 논문의 해당 부분에서 자세히 기술
되므로 논의의 시작 부분에서는 간단하게 기술하는 것이 좋다.

2) 중요한 연구결과를 부각하여 기술하기

연구의 중요한 결과를 기술하면서 본격적인 논의가 시작된다.
연구의 결과를 기술할 때는 연구결과 중 어떤 부분이 중요한 결과
인지, 연구결과가 이론적으로 기여하는 바가 무엇인지, 상담과 교
육의 실제에 기여하는 바는 무엇인지 등에 초점을 두고 작성한다.

논의에서 연구결과를 기술할 때에는 연구의 가설과 관련하여
가설의 검증결과를 우선 다루어 줄 수 있다. 연구의 가설과 관련
해 특정한 가설에 대한 연구결과를 기술하고, 가설이 지지되었는
지 혹은 가설이 기각되었는지를 다룬다. 연구의 가설들 중, 특히
기존의 연구들과 비교했을 때 이 연구의 고유한 결과 부분을 강조
해서 그 결과를 자세히 다루어 준다.

부모의 양육태도, 아동의 내외통제성, 학교성적의 관련성을 탐
색한 연구라면, 각 변인들 간의 관계에 관해서는 기존의 연구들에
서 이미 탐색되었을 수 있다. 이에 반해서 아동의 내외통제성이
부모의 양육태도와 학교성적의 관계를 매개하는지를 탐색하는 것
이 다른 연구와 차별화되는 부분이라면, 매개효과에 대한 분석 결
과를 강조해서 자세히 다루어 주는 것이 중요해진다.

3) 연구결과의 이론적 · 실제적 함의 다루기

가설이 지지되었거나 기각되었다고 할 때, 이러한 결과가 이론적, 실제적인 측면에서 어떤 의미가 있는지를 통찰하고 이러한 부분을 함께 기술해 주는 것이 필요하다. 논문은 실제 일어나고 있는 현상을 설명할 수 있는 지식을 생산해 내는 과정의 일부이다. 따라서 자신의 논문이 어떤 정보를 제공하고 있으며, 이러한 정보가 이론적으로 어떤 의미가 있는지 혹은 상담과 교육의 실제에 어떻게 활용될 수 있는지를 구체적으로 기술해 주는 것이 도움이 된다. 이론과 관련한 일반적인 예는, 특정 이론의 어떤 가설이 경험적으로 타당화되었는지, 그 이론이 어떤 대상이나 문제에 대해서 적용 가능성이 확장되었는지를 제시하는 것이다.

다음의 예는 아동과 부모를 위한 진로집단상담 프로그램을 개발한 후, 프로그램을 실시하고 그 결과에 대한 논의가 이루어진 오혜영, 공윤정, 김영화(2012) 연구의 논의의 일부분이다.

첫째, 실험집단의 아동들은 통제집단 아동에 비하여 진로탐색, 진로결정, 진로수행 등의 진로자기효능감이 향상되었다. 프로그램에 참여한 아동들은 자신의 흥미, 능력 등을 반영한 진로포부를 형성하고 앞으로의 진로과업을 잘해 나갈 수 있는 자신감을 얻은 것으로 해석된다. 진로발달과 선택에서 다양한 흥미와 능력을 발견하고 준비하면서 주어진 환경에 능동적으로 대처하는 태도를 중요하다고 보았던 Krumboltz(1996)의 관점에서 볼 때 이 결과는 의의를 가진다고 보여진다. 이 시기의 향상된 진로자기효능감은 이후 진로발달의 긍정적인 기반으로 역할을 할 것으로 추측된다. 아동의 직업영역에서의 자기효능감은 반복적인 자기 개발(self-renewal)에 긍정적인 자원이 되며, 지각된 효능감은 직업 대안의 고려 등 진로결정의 여러 측면에 영향을 미친다(Bandura, Barbaranelli, Caprara, & Pastorelli, 2001). 또한 아동기의 진로자기효능감은 직업선택의 범위, 직업적 흥미와 선호도의 발달, 향후 진로관련 교육에 대한 참여, 힘든 직업에 대한 인내, 선택한 분야에서의 학업적 성취 등 진로발달과 관련된 다양한 측면에 대한 설명력이 있는 것으로 나타난 선행연구를 고려할 때(박영신, 김의철, 2001), 본 프로그램을 통해 향상된 진로자기효능감은 이후의 진로성과에 긍정적인 영향을 줄 것으로 추측된다.

앞의 논의에서 보면, 연구의 결과로 나타난 부분은 진로집단상담 프로그램에 참가한 아동의 진로자기효능감의 향상이다. 논의는 이러한 결과를 Krumboltz의 진로상담이론과 관련하여 그 중요성을 제시하고 있으며, 또한 진로자기효능감이 진로발달에서 어떤 역할을 하게 되는지와 연결하여 결과의 중요성을 강조하고 있다. 즉, 연구의 논의는 Heppner와 Heppner(2008)가 기술하였듯이, 연구결과 제시된 자료에 대한 의미를 부여하며 '그래서 어떻다는 것인지'에 대한 대답을 제시하는 부분이다. 따라서 이 부분에서 연구자는 자신의 연구결과가 이론적·실제적으로 어떤 의미를 갖는지에 대한 적절한 해석을 제시한다.

4) 연구결과를 선행연구의 결과와 통합하여 제시하기

연구자는 연구결과를 논의할 때, 그 연구의 이론적인 기반이 되는 선행연구의 결과와 통합해서 결과를 설명하는 것이 바람직하다. 즉, 선행연구의 결과와 유사한 결과인지 차이가 나타나는지, 유사한 결과라면 어떤 의미가 있는지, 선행연구와 결과의 차이가 나타난다면 왜 그런 차이가 나타난 것으로 보이는지를 해석하는 것이다. 공윤정(2011)에서 인용한 다음의 예를 보자.

이 연구에서는 초, 중, 고등학생의 직업포부의 특성을 직업포부수준과 성유형의 측면에서 탐색하였다. 이에 더해서 성역할이 어떻게 직업포부의 성유형과 관련되는지, 성적·학업적 자기효능감 및 성역할이 직업포부수준에 어떤 영향을 미치는지를 분석하였다. 연구의 주요한 결과와 결과에 대한 논의는 다음과 같다.

첫째, 초, 중, 고등학생의 직업포부수준을 보면, 학년이 높아짐에 따라 직업포부수준이 조금씩 높아졌는데 중학생과 고등학생은 초등학생에 비해 직업포부수준이 높게 나타났다. 성별에 따른 직업포부수준의 차이에서는 초등학생과 중학생은 직업포부수준의 성별차이가 나타나지 않았으나, 고등학생만 여자의 직업포부수준이 남자에 비해 낮게 나타났다. 이 결과는 청소년의 직업포부수준이 고등학교 시기까지 높아지다가 고등학교 시기 이후 직업에 대해 보다 현실적으로 생각하는 과정에서 직업포부수준이 낮아진다고 보는 선행연구들(어윤경, 2008; Lee & Rojewski, 2009)과 어느 정도 일치하는 결과이다. 직업에 대해 현실적으로 생각하면서 직업포부수준을 조정할 때 여학생이 남학생보다 더 빨리 직업포부수준을 낮추는 경향이 있는 것으로 보고되는데 (Lee & Rojewski, 2009), 이 연구에서 고등학생 여자의 직업포부 수준이 남자보다 더 낮게 나타난 결과는 이러한 경향성이 우리 나라에서도 드러남을 나타낸다. 여자의 직업포부수준이 남자보 다 빨리 떨어진다면 노력한계(tolerable–effort boundary)와 같 은 이와 관련한 잠정적 변인들(Gottfredson, 1981; 2002)에 대한 후속연구가 요청된다.

앞의 논의에서는 연구의 주요한 결과를 제시하고, 이러한 연구 결과가 선행연구의 결과와 어떻게 연속성을 갖는지를 제시하고 있다. 또한 선행연구의 결과와 일치하는 결과가 나타났을 때, 왜 이러한 결과가 나타나는지에 대한 잠정적인 가설을 선행연구와 관련해 제시하는 것을 볼 수 있다.

2 논의 작성 시 주의점

논의는 연구결과가 어떤 의미를 갖는지를 분명하게 기술하는 과정이며, 이때 연구자의 전문적인 지식의 통합이 필요하다. 이 과정에서 연구자가 주의해야 할 사항은 다음과 같다.

1) 연구결과에서 드러난 사실에 기반해 논의하기

먼저, 논의는 연구자의 연구결과에서 나타난 사실(fact)에 기반해서 이루어져야 한다. 연구결과에서 나타나지 않은 사실까지 논의를 하거나, 연구결과를 지나치게 확대해석해서는 안 된다. 이와 관련해 Heppner와 Heppner(2008)도 논의에서 연구자가 어떤 주장을 할 때 '구체적으로 어떤 자료가 이러한 자신의 주장을 뒷받침하는가?' 라는 질문을 늘 마음속에 두고 있어야 한다고 기술한 바 있다. 연구결과에 기반한 논의의 예와 부적절한 기술의 예가 예 1에 제시되었다.

예 1

　제2장에서 사용한 예를 다시 살펴보자. 우울한 아동을 대상으로 실험집단과 통제집단을 두고, 인지행동상담을 독립변인으로 아동의 우울증상을 종속변인으로 하는 실험연구를 진행했다고 하자. 실험과정에서 연구자가 아동의 인지적인 왜곡의 교정을 포함한 다양한 인지행동기법을 적용하였다. 몇 주간의 상담이 끝난 후 실험집단과 통제집단의 우울증상을 측정한 결과, 실험집단의 우울 증상이 통제집단에 비해 유의미하게 낮게 나타났다.

　이 연구의 논의에서 연구자가 '인지행동상담이 아동의 우울증상을 감소시키는 데 효과가 있었다.'라고 결론을 내린다면, 이는 연구결과에 기반한 서술이라고 할 수 있다. 그런데 연구자가 여기에서 더 나가서 '집단상담에서 아동의 인지적인 왜곡이 교정된 결과 아동의 우울 증상이 감소하였다.'라고 기술하는 것은 바람직하지 않다. 왜냐하면 실험과정에서 연구자가 아동의 인지적 왜곡을 수정하려고 시도하였으나, 실제로 아동의 인지적 왜곡이 수정되었는지는 이 연구에서 측정되지 않았기 때문이다. 연구자가 직접 측정하지 않은 부분에 대해서 논의할 때에는 가설이나 추측으로 제시하는 것이 자연스럽다.

2) 연구결과와 선행연구의 결과를 통합해서 논의하기

논의는 연구자의 연구결과와 선행연구의 결과를 통합해서 이루어지는 것이 바람직하다. 연구자의 결론을 설명할 수 있는 관련이론, 연구자의 결론과 일관된 결과를 제시하는 선행연구, 연구자의 결과와 다른 결과를 제시하는 선행연구 등을 통합해서 제시하고, 이에 대한 논의가 이루어져야 한다. 그런데 대부분의 대학원생의 논의 초안을 보면 통합적인 논의 대신에 '연구결과가 선행연구의 결과와 일치한다.'거나 '선행연구와는 다르다.'로 결론을 내리고 더 이상의 논의가 전개되지 않는 경우가 많은데 이러한 논의는 바람직하지 않다. 선행연구와 같은 결과가 나왔을 때에는 이러한 일관적인 결과가 함의하는 바는 무엇인지, 이론적인 면에서 어떤 의미를 갖는지, 선행연구와 같은 결과이지만 이 연구의 차별성은 무엇인지 등이 함께 논의될 수 있다. 연구의 결과가 선행연구의 결과와 다르다면, 이러한 결과에 대한 충분한 가설적인 해석이 주어지는 것이 좋다. 선행연구의 결과와 다르다면 시대의 변화, 연구대상의 차이, 표집의 차이, 측정 방법의 차이, 검사도구의 문제, 통계 방법 등 다양한 측면에서 이러한 차이가 어디에서 기인했으며 의미하는 바가 무엇인지에 대한 논의가 이루어지는 것이 좋다.

선행연구와 통합하여 논의가 이루어져야 한다고 할 때, 어떤 경우에는 선행연구를 과도하게 인용하는 경우도 있다. 선행연구는 자신의 연구결과의 의미를 가장 잘 드러내는 선에서 적절하게 필요한 연구만 인용하는 것이 좋다.

3) 가설이 지지되지 않은 연구결과도 논의에 포함하기

대학원생들이 논의를 작성할 때, 연구가설이 지지된 부분만 자세히 기술하고, 연구의 가설이 지지되지 않은 부분(즉, 통계적으로 유의미한 결과가 나타나지 않은 부분)에 대해서는 기술하지 않는 경우가 있다. 그런데 선행연구의 결과에 따라 논리적으로 설정한 가설이 지지되지 않았다면 이러한 결과도 중요하게 다루어져야 한다. 연구자는 연구가설 중 어떤 부분이 지지되지 않았는지를 기술하고, 이 결과가 어떤 의미가 있는지, 왜 이런 결과가 나타난 것 같은지를 기술하는 것이 바람직하다. 연구의 가설이 지지되지 않은 이유는 대체로 가설의 논리성, 연구도구, 표집의 문제 등과 관련이 있을 수 있다.

4) 논의 없이 연구결과만 나열하는 방식을 피하기

논의를 작성할 때 연구자들이 흔히 하는 다른 실수 중의 하나는 연구의 결과와 결론만 반복적으로 제시하고 논의를 전혀 하지 않는 경우다. 연구자는 자신의 연구결과가 어떤 중요성과 의미를 갖는지를 다양한 측면에서 생각해 보고, 이론적·실제적 측면에서 제공하는 함의에 대해 충분한 논의를 제공한다.

3 연구의 제한점 및 후속연구를 위한 제언 쓰기

모든 연구는 제한된 시간 및 범위 내에서 이루어지므로, 우수한 연구라고 하더라도 완벽한 연구는 존재하지 않는다. 연구자가 연구를 수행할 때 최선의 연구를 수행하고자 하지만, 연구의 제한된 초점 및 선택한 연구방법으로 인해 나름의 제한점을 갖게 된다. 연구의 제한점 부분은 제한점을 알리고, 독자가 연구결과를 받아들일 때 연구자가 알린 제한점 하에서 받아들여야 한다는 정보를 주기 위해서 이루어진다. 연구의 제한점에 기초해 이를 보완할 수 있는 후속연구를 위한 제언이 이루어진다.

1) 연구의 제한점

연구의 제한점은 우선 연구가 채택한 연구방법으로 인해 생기는 경우가 많다.

먼저, 연구설계의 측면에서 살펴보자. 앞에서 연구설계에 따라 기술연구, 상관연구, 실험연구 등으로 연구설계를 구분하였다. 각각의 연구설계에는 고유한 목적이 있어서 그 목적에 맞게 선택된 것이지만, 그로 인해 제한점을 갖게 된다. 예를 들어, 기술연구에서는 탐색하는 현상의 원인을 파악하기는 어렵다. 상관연구는 변인들 간의 관계를 밝히기는 하지만 인과관계를 명확하게 설명해 내지는 못한다. 실험연구는 실험상황이라는 제한된 상황에서 인과관계를 밝혀 주지만, 이를 실험상황이 아닌 일반적 상황으로 확장해서 적용할 수 있을지에 대해서는 설명하지 못한다. 이처럼 연

구자는 연구설계가 가진 고유한 제한점을 인식하고, 이를 명시해
줄 수 있다.

　연구대상과 관련해서는 표집의 문제가 있다. 표집에서는 표집
의 대표성 문제, 충분한 표집의 크기, 임상적인 표집인지의 여부
등이 주된 관심사가 될 수 있다. 초등학교 6학년 대상의 연구인데,
사회경제적 지위가 비교적 높은 지역의 아동들만 표집을 했다거
나 그 반대의 경우 등은 표집이 대표성을 가지기 어렵다. 특히 상
담연구에서는 연구의 대상이 임상집단인지 일반집단인지가 중요
한 연구의 제한점이 되기 쉽다. 임상집단에서 수행되어야 하는 연
구가 연구의 편의성 때문에 일반집단을 대상으로 이루어지는 경
우가 많으며, 이런 경우에 연구결과의 실제 적용에는 제약이 따르
게 된다.

　검사도구의 신뢰도와 타당도 문제도 연구의 제한점이 되는 경
우가 많다. 아동 대상의 연구에서는 아동을 대상으로 개발되어 신
뢰도와 타당도가 확인된 검사를 사용해야 하지만, 현실에서는 성
인이나 청소년 대상으로 개발된 검사가 적절한 절차 없이 아동 대
상으로 사용되는 경우도 많다. 혹은 다른 문화권에서 개발된 검사
를 번역해서 사용할 때, 검사문항이 국내의 사회문화적 상황에서
는 다른 방식으로 해석되어 동일한 결과를 얻기 어려운 경우도 있
다. 따라서 연구자가 현실적으로 사용가능한 최선의 검사도구를
사용했다고 하더라도 신뢰도와 타당도에 문제가 나타나는 경우가
있다. 이러한 경우에는 사용한 검사의 제한점과 함께 이를 보완할
수 있는 제언을 함께 제시하는 게 도움이 된다.

연구의 제한점을 기술할 때 '일반화의 문제가 있으므로 더 많은 참여자를 대상으로 연구가 진행되어야 한다.'는 등의 모호한 기술보다는, 표집의 어떤 특성 때문에 일반화가 어려운지, 더 많은 참여자란 어떤 특성을 가진 참여자가 표집에 포함되는 것이 바람직한지 등 구체적으로 연구의 제한점을 기술하고 이에 기반한 후속연구를 위한 제언을 쓰는 것이 바람직하다.

2) 후속연구를 위한 제언

후속연구를 위한 제언은 현재 연구의 결과에 기반하여 이론적, 실제적으로 더욱 도움이 되는 지식을 얻기 위해서는 이후에 어떤 연구가 진행되는 것이 도움이 되는지를 제안하는 것이다. 후속연구를 위한 제언은 다음의 몇 가지 측면에서 이루어질 수 있다.

연구의 방향은 흔히 관심 현상의 탐색과 기술, 원인에 대한 탐색, 문제의 예방과 교정을 위한 개입 연구 등의 순서로 진행되는 것이 일반적이다. 현재의 연구가 이 중 어느 단계에 속한 연구인지를 평가하고, 이후 연구과제에 대한 후속연구를 제안할 수 있다. 특히 연구주제와 관련한 선행연구가 부족하다면, 주제 영역에서 어떤 연구들이 수행될 필요가 있는지에 대한 후속연구를 제안할 수 있다.

논의에서는 연구자가 연구결과에 대한 설명과 해석, 연구가설과 다른 결과가 나온 경우에 연구결과에 대한 가설적 해석을 제시하게 된다. 연구자가 자신의 연구결과를 해석하면서 제시한 다양한 추측과 가설 또한 후속연구에서 다루어질 수 있는 좋은 주제가 된다.

연구의 제한점에서 기술되었듯이 연구방법의 제한점은 후속연구를 위한 제언의 가장 기본적인 바탕이 된다. 흔히 표집의 문제, 검사도구의 신뢰도와 타당도의 문제에 기반하여 대표성을 높일 수 있는 표집, 임상 집단에 대한 연구, 신뢰도와 타당도가 높은 검사의 개발과 사용 등이 포함된 제언이 이루어질 수 있다.

연구방법과 관련하여, 연구자가 사용한 연구방법의 한계를 보완하는 방법에 대한 후속연구가 제안될 수도 있다. 석사논문에서는 흔히 자료 수집의 방법으로 질문지를 통한 자료 수집이 선택된다. 그런데 이 방법은 질문지법이 갖는 고유한 한계를 가지므로, 자료 수집 방법의 다양화나 정보를 제공하는 정보원의 다양화 등을 포함한 후속연구가 필요한 경우가 있다.

후속연구를 위한 제언과 관련해 이계성(2012)의 석사논문의 예를 보자. 이 연구는 일반 집단을 대상으로 아동의 내외통제성과 우울의 관계에서 사회적 지지의 조절효과를 탐색한 연구다.

지금까지의 결론과 의의를 바탕으로 본 연구의 제한점을 제시하고 후속연구를 위한 제언을 하고자 한다. 첫째, 본 연구는 초등학교 일반아동 중 우울 경향성을 지닌 아동을 대상으로 분석을 실시하였기에 병리적인 우울을 설명하는 데 한계가 있다. 따라서 아동기 우울증에 대한 심도 있는 연구가 이루어지기 위해서는 실제 치료를 받는 임상집단을 대상으로 하는 재연구가 필요하다. 둘째, 본 연구는 자기평정 질문지를 사용하여 아동의 우울 수준을 측정하였다. 초등학교 고학년은 설문 응답 시 바람직한 답변을 하려는 경향이 있기 때문에 우울에 대한 정확한 측정에 한계가 있다. 따라서 질문지와 함께 관찰과 면담이 함께 이루어질 필요가 있다. 셋째, 본 연구는 우울에 영향을 주는 많은 변인 중 내외통제성과 사회적 지지만을 다루었다. 후속연구에서는 아동의 우울을 예측하고 설명해 주는 타 변인 간의 관계를 규명하고 변인 간의 경로를 파악하여 아동기 우울증에 대한 다각적인 접근이 이루어져야 할 것이다. 넷째, 본 연구에서 사용된 우울검사 도구의 전체 신뢰도는 .84로 양호한 편이나 우울의 하위영역별 신뢰도는 낮게 나타났다. 따라서 후속연구에서는 아동의 하위요인별 우울 수준을 보다 잘 측정할 수 있는 측정도구의 사용이 필요할 것이다.

앞의 예에서 보면 전체적으로 현재 연구의 제한점을 보완하는 방식으로 후속연구를 위한 제언이 이루어지고 있다. 첫째, 둘째, 넷째는 연구의 대상집단과 자료 수집 방법, 질문지 등 연구의 방법론과 관련한 연구의 제한점을 보완하는 제언이 이루어졌다. 이 부분은 비교적 적절하게 이루어졌다고 볼 수 있다. 세 번째 제언은 연구주제와 관련해 아동의 우울에 관한 어떤 주제의 연구들이 수행되어야 하는지에 관한 제언이다. 세 번째 제언은 현재보다 좀 더 구체적으로 이루어지는 것이 바람직한데, 예를 들어 어떤 변인들이 우울연구에서 중요한데 국내에서 탐색되지 않았는지, 성인 대상에서 중요하게 나타난 어떤 변인들이 아동 우울에서 탐색이 필요한지 등을 구체적으로 기술할 수 있다. 이렇게 후속연구를 위한 제언까지 기술되면 연구의 논의 부분이 마무리된다.

제10장 참고문헌, 초록, 부록 작성법

이 장에서는 참고문헌, 초록, 부록의 작성법을 제시한다. 논문으로 다른 사람들과 의사소통하기 위해서는 지켜야 하는 여러 가지 규칙이 있는데, 이러한 규칙을 자세히 소개하는 장이다. 논문에서 참고문헌, 초록, 부록은 논문의 본문을 보조하는 역할을 하는 영역들이지만, 가장 많은 사람이 보는 부분이기도 하므로 그 작성법에 대해 잘 익힐 수 있도록 세부적인 내용에 대해 알아볼 것이다.

1 참고문헌 작성법

참고문헌이란 논문에서 인용한 문헌의 원문을 찾아보고 싶은 독자를 위해 정확한 서지사항을 정리하는 곳이다. 따라서 누구라도 쉽게 원문을 찾아볼 수 있도록 원문의 서지사항을 빠짐없이 정확하게 제시해야 한다. 뿐만 아니라 참고문헌에 제시되는 서지사항이 많고 종류도 다양하기 때문에 서지사항을 표기하는 약속을 잘 지켜야 한다.

그래서 참고문헌을 작성할 때 지켜야 할 가장 중요한 지침은 논문에서 인용한 모든 문헌의 서지사항이 빠짐없이 참고문헌에 제시되어야 한다는 점이다. 재인용의 경우에도 재인용한 논문의 서지사항만이 아니라 처음 인용한 문헌의 서지사항도 포함되어야 한다. 따라서 논문을 모두 쓴 다음 한꺼번에 참고문헌을 정리하기보다는, 논문을 쓰면서 인용을 할 때마다 참고문헌에 서지사항을 기록하는 습관을 들이는 것이 좋다.

독자가 쉽게 찾아볼 수 있도록 하기 위해, 서지사항의 제시 순서를 지켜 참고문헌을 작성해야 한다. 한글문서를 먼저 쓰고 외국어문서를 쓴다. 그리고 한글문서와 외국어문서 내에서는 저자의 가나다순과 알파벳순을 따라 차례로 제시한다. 동일한 저자의 문헌을 여러 개 제시할 경우 출판년도가 이른 문헌부터 제시한다. 저자가 여러 명일 경우 모든 저자를 표시해야 하는데, APA 양식에 따르면 책은 20명, 논문은 7명까지 모두 표시한다. 그 이상일 경우 책은 19명까지, 논문은 6명까지 적고 말줄임표(……)를 쓴 후 마지막 저자를 제시한다. 저자의 가나다순(또는 알파벳순)으로 서지사항을 찾게 되므로 서지사항이 2줄 이상일 경우 '내어 쓰기'를 하여 제1저자명을 명확히 보여 준다.

모든 서지사항은 '저자, 출판연도, 소제목, 책 제목, 페이지, 출판사 소재지, 출판사명'의 순서로 제기하는 것이 정해진 약속이다. 한글문서와 영어문서는 제시할 내용과 방법이 조금 다를 수 있다. 책, 학술지 논문, 학위논문, 역서, 인터넷 자료 등 자료의 종류에 따라서도 제시하는 내용과 방법이 다르다. 여러 규칙을 정확하게 숙지하여 표시하지 않으면 독자와의 약속을 어기게 되는 것이다. 학위논문을 작성할 때는 자신이 소속된 대학원에서 제시하는 학위논문 작성 지침 내의 참고문헌 항을 따르면 된다. 일반적으로 APA 양식에 준하는 경우가 많은데, 그 구체적 사항은 다음 제시한 바와 같다. 모든 사항을 꼼꼼히 확인하고 정확히 표시하기 바란다.

한글 문헌의 참고문헌 쓰기 원칙

■ 책의 경우
- "저자명(연도). 책 제목. 출판사 소재 도시: 출판사명."의 순서로 제시한다.
- 여기에서 연도, 책 제목, 출판사명 뒤에는 반드시 마침표(.)를 찍는다.
- 저자명과 연도를 나타내는 괄호 사이는 띄어쓰기를 하지 않는다.
- 책 제목은 고딕체(또는 굵은 글자)로 표시한다.
- 저자가 2인 이상인 경우 저자명과 저자명 사이에 쉼표(,)를 둔다.
  예) 김계현(1991). 카운슬링의 실제. 서울: 성원사.
  　　한상근, 진미석, 이영대, 임언, 이지연, 이양구, 정윤경 (2001). 고등학생의 진로선택에 관한 조사. 서울: 한국직업능력개발원.

■ 학술지 논문의 경우
- "저자명(연도). 논문 제목. 학술지명, 권(호), 시작 페이지−끝 페이지."의 순서로 한다.
- 여기에서 연도, 논문 제목, 끝 페이지 뒤에는 반드시 마침표(.)를 찍는다.

- 학술지명과 논문이 게재된 학술지의 권은 고딕체(또는 굵은 글자)로 표기한다.
- 호는 권 뒤에 괄호로 속에 넣고 고딕(또는 굵은 글자)로 표기하지 않는다.
- 저자가 2인 이상인 경우 저자명과 저자명 사이에 쉼표(,)를 둔다.
  예) 황매향, 김계현(2001). 진로의사결정에서의 타협과정에 관한 연구동향. 한국심리학회지: 상담 및 심리치료, 13(1), 111-124.

■ 학위논문의 경우
- "저자명(연도). 논문 제목. 대학명 석사(또는 박사)학위 청구논문."의 순서로 한다.
- 여기에서 연도, 논문 제목, 청구논문 뒤에 반드시 마침표를 찍는다.
- 학위논문의 경우 미출판 간행물이지만 제목을 고딕체(또는 굵은 글자)로 표시한다.
  예) 하혜숙(2000). 대학생의 학과(학부) 만족과 학교 만족에 관한 연구. 서울대학교 석사학위청구논문.

■ 책의 한 장의 경우(각 장마다 저자가 따로 명시된 책)
- 편저자와 함께 "저자(출판연도). 장의 제목. 편저자 이름, 책 제목 (pp. 해당 장의 첫 페이지-마지막 페이지). 출판사 소재 도시: 출판사명"의 순서로 제시한다.
- 책 제목은 고딕체(또는 굵은 글자)로 표시하고, 장의 이름은 고딕체(또는 굵은 글자)로 표시하지 않는다.
- 편저자 이름 뒤에 '편저'라고 쓴다.
- 편저자 이름과 책 제목 사이는 마침표(.)가 아닌 쉼표(,)를 찍는다.
  예) 김성회(1992). 현실적 상담. 이형득 편저, 상담이론 (pp. 413-464). 서울: 교육과학사

■ 번역서의 경우
  • 번역서(혹은 편역서)는 번역자명을 기준으로 참고문헌 제시 순서
    를 결정한다.
  • "번역자명(번역서 출판연도). 번역서명 (원저자명, 원저명). 출판
    사 소재도시: 출판사명. (원전은 ○○○○년에 출판)."의 순서로
    제시한다.
    예) 황매향(2005). 사례로 배우는 진로 및 직업상담 (J. L. Swanson
       & N. A. Fouad, *Career theory and practice*). 서울: 학지사.
       (원전은 1999년에 출판).

■ 연구기관의 연구보고서의 경우는 책으로 간주한다.
  예) 서울대학교 학생생활연구소(2001). 2001학년도 서울대학교 신
     입생 특성조사 보고서. 서울: 저자.

■ 인터넷 자료의 경우
  • "자료명, 인터넷에서 검색한 날짜, URL."의 순서로 제시한다.
  • 자료명은 각 자료의 성격에 따라 참고문헌을 적는 방법을 따른다.
    예) 한국교육과정평가원(2015). 자기주도학습 가이드북 스스로 터
       득하는 학습 디딤돌 13가지 학습전략. 서울: 서울특별시교육청,
       2020년 12월 11일 검색, http://www.basics.re.kr/eduClass/
       view.do?eduBoard=11&eduSeq=286&s=kucu&m=030103#
       downData.

영어 문헌의 참고문헌 쓰기 원칙

■ 책의 경우
- "저자명 (연도). 책 제목. 출판사 소재 도시: 출판사명."의 순서로 한다.

  예) Ginzberg, E., Ginsburg, S. W., Axelrad, S., & Herma, J. L. (1951). *Occupational choices*. New York, NY: Columbia University.

- 여기에서 연도, 책 제목, 출판사명 뒤에는 반드시 마침표(.)를 찍는다.
- 저자명은 "성, first name의 이니셜. middle name의 이니셜."의 순서로 제시한다.
- 저자가 2인 이상일 경우 저자명과 저자명 사이에 쉼표(,)를 두고 마지막 저자 앞에 "&"로 연결한다.
- 저자명과 연도를 나타내는 괄호 사이에 띄어쓰기를 한다. 한글문서 표기에서와 다른 부분으로 주의를 요한다.
- 책 제목은 이탤릭체로 한다.
- 책 이름의 첫 단어의 첫 글자만 대문자로 쓴다.
- 부제가 있는 경우 부제의 첫 단어의 첫 글자도 대문자로 쓴다.
- 미국의 경우 출판사 소재 도시명에 주 이름을 병기하는데 주 이름은 이니셜로 표시하고, 미국이 아닌 다른 나라의 경우 도시명 뒤에 나라 이름을 쓴다.
- 출판사명은 출판사의 고유 이름만 표기하고, 'Press' 'Publications' 등과 같은 출판사를 의미하는 단어는 일반적으로 생략한다.

■ 학술지 논문의 경우
- "저자명 (연도). 논문 제목. 학술지명, 권(호), 첫 페이지−마지막 페이지."의 순서로 한다.
  예) Gati, I., Houminer, D., & Aviram, T. (1998). Career compromises: Framings and their implications. *Journal of Counseling Psychology, 45*(4), 505−514.
- 여기에서 연도, 논문 제목, 마지막 페이지 뒤에는 반드시 마침표(.)를 찍는다.
- 저자명은 "성, first name의 이니셜. middle name의 이니셜."의 순서로 제시한다.
- 저자가 2인 이상일 경우 저자명과 저자명 사이에 쉼표(,)를 두고, 마지막 저자 앞에 "&"로 연결한다.
- 학술지명과 논문이 게재된 학술지의 권은 이탤릭체로 쓴다.
- 학술지명은 각 단어의 시작하는 첫 글자를 모두 대문자로 쓴다. 단, 전치사의 첫 글자는 대문자로 쓰지 않는다.
- 학술지의 권은 반드시 표기하고, 호는 권을 표기한 뒤에 괄호로 넣고 이탤릭체로 쓰지 않는다.

■ 학위논문의 경우
- "저자명 (연도). 논문 제목. Unpublished 학위명, 대학명, 대학의 소재지."의 순서로 한다.
  예) Leung, S. A. (1988). *An examination of circumscription and compromise in career decision−making among college students.* Unpublished doctoral dissertation, University of Illinois, Urbana−Champaign, IL.
- 여기에서 연도, 논문 제목, 대학의 소재지 뒤에는 반드시 마침표(.)를 찍는다.
- 학위논문의 경우 미출판 간행물이지만 이탤릭체로 쓴다.

- 책의 한 장의 경우(각 장마다 저자가 따로 명시된 책)
  - 편저자와 함께 "저자(출판연도). 장의 제목. 편저자 이름, 책 제목 (pp. 해당 장의 첫 페이지–마지막 페이지). 출판사 소재 도시: 출판사명"의 순서로 제시한다.

    예) Gati, I., & Asher, I. (2000). Counseling and psychotherapy. In S. T. Higgins (Ed.), *Psychology* (pp. 30–43). New York, NY: Basic Books.
  - 책 제목은 이탤릭체로 표시하고, 장의 이름은 이탤릭체로 표시하지 않는다.
  - 장의 저자는 성(last name)을 먼저 쓰지만, 편저자는 이름(first name과 middle name)의 이니셜을 먼저 쓴다.
  - 편저자 이름은 편저자 앞에 'In'을 쓰고 편저자 이름 뒤에 한 사람의 경우 '(Ed.)', 두 사람 이상의 경우 '(Eds.)'를 쓴다.
  - 편저자 이름과 책 제목 사이는 마침표(.)가 아닌 쉼표(,)를 찍는다.

- 인터넷 자료의 경우
  - "자료명, 인터넷에서 검색한 날짜, URL."의 순서로 제시한다.
  - 자료명은 각 자료의 성격에 따라 참고문헌을 적는 방법을 따른다.

    예) Lewis, M. (2011). Self-conscious emotions. In M. Lewis & J. Haviland (Eds.), *Encyclopedia on early childhood development* (pp. 6–9). Retrieved December 11, 2020, from http://www.child-encyclopedia.com/sites/default/files/dossiers-complets/en/emotions.pdf#page=11.

2 초록 작성법

초록이란 논문의 요약문을 일컫는데, '요약'이라고 지칭하기도 하지만 학위논문에서는 대부분 초록이라는 용어를 사용한다. 영어로는 'abstract'라고 칭한다. 논문은 긴 글이기 때문에 요약문을 제시하여 논문이 다루고 있는 내용이 무엇인지 다른 연구자들에게 소개해 주는 글이 초록이다. 대부분의 연구자는 초록을 보고 이 논문을 읽어 볼 것인지 아닌지 결정하기 때문에 초록에 논문에 관한 정확한 정보를 담아야 한다. 한글을 읽는 연구자와 영어를 읽는 연구자 모두를 위해 국문초록과 영문초록을 모두 작성한다. 일반적으로 국문초록은 논문의 가장 앞에 제시하고 영문초록은 논문의 가장 뒤에 제시한다.

초록은 연구의 목적, 연구문제(또는 연구가설), 연구방법, 연구결과를 차례로 제시하고 시사점을 간단히 적는 것으로 구성된다. 분량은 제한이 없지만 필요한 내용을 간략히 제시하는 것이 원칙이다. 일반적으로 학위논문에서 초록의 분량은 한글의 경우 1000~1500자, 영어의 경우 500~1000단어 정도다.

초록은 요약본으로 상세한 내용을 쓸 필요는 없다. 예컨대 연구에 포함된 사례 수 정도는 제시할 수 있지만, 그 외 통계치와 같은 구체적인 숫자는 상세히 적지 않는 것이 일반적이다. 그러나 논문의 핵심 내용을 꼭 담고 있어야 한다는 점을 잊어서는 안 된다.

초록의 마지막에는 주요어(key words)를 3~5개 정도 제시하는데, 변인명, 연구주제, 연구대상의 특성, 방법론 명칭 등이 포함될 수 있다. 다른 연구자들이 논문을 검색할 때 주요어를 위주로 검색하는 경우가 많기 때문에 자신의 논문의 특성이 잘 드러나는 주요어를 제시하는 것이 필요하다.

1) 국문초록 작성하기

국문초록은 한글로 논문의 내용을 요약하는 부분으로 제목을 제시하지 않는 것이 일반적인데, 학위논문 양식에 따라서는 제목 또는 제목과 저자를 함께 제시하기도 한다. 국문초록을 작성할 때 주의할 점은, 초록에는 짧게 쓰면서도 필요한 내용을 포함시켜야 하기 때문에 논문 본문에서 쓴 내용을 그대로 옮겨 쓰는 것은 바람직하지 않다는 것이다. 연구의 목적, 연구방법, 연구결과, 의의(시사점)의 순서로 작성하는데, 연구를 통해 발견한 중요한 사실을 부각시킬 수 있어야 한다.

2) 영문초록 작성하기

영문초록은 영어로 논문의 내용을 요약하는 부분인데, 영문 제목과 함께 쓴다는 점이 국문초록과 다르다. 그 외 영문초록에 포함되는 내용은 국문초록에 포함되는 내용과 동일하다. 그래서 영문 제목과 영문초록을 작성할 때 한글 제목과 국문초록을 낱말 그대로 하나하나 영작하는 경우가 많은데, 이는 바람직한 글쓰기라고 보기 어렵다. 영어 제목과 영문초록은 영어 문장의 표현방식을 따라야 한다. 따라서 그대로 영작을 하기보다는 선행연구의 영어 문헌을 통해 어떻게 표현해야 논문의 내용이 잘 요약되어 전달될 수 있을지를 지향하면서 작성하는 것이 좋다.

3 부록 작성법

　부록이란 여러 가지 이유로 논문의 본문에 싣기에 적절하지 않지만, 논문을 이해하기 위해 필요한 자료들을 제시하는 곳이다. 학위논문의 부록에 포함되는 대표적 내용은 연구도구 원본이고, 그 외 처치도구, 원자료, 분석표 등이 포함된다. 본문의 내용보다 더 많은 양을 제시하지는 말아야 하고, 논문을 이해하는 데 밀접하게 관련되는 내용이 아닌 내용을 포함시키는 것은 바람직하지 않다.

　학위논문의 경우 양적 연구를 수행하는 경우가 많은데, 양적 연구를 수행한 경우 자료 수집을 위해 사용한 조사도구나 검사도구에 해당하는 연구도구를 부록에 제시한다. 대부분 연구용으로 공개된 검사도구를 사용하기 때문에 문항을 공개하는 것이 원칙이다. 이미 다른 논문에서 공개된 문항이긴 하지만, 연구자가 문항을 수정·보완하기도 하고 편집양식을 변경하거나 오탈자 수정도 하기 때문에 연구자가 사용한 도구를 부록에 그대로 제시하는 것이 일반적이다. 연구도구는 실제 사용한 것을 안내문과 함께 그대로 제시하는 것이 원칙이기 때문에 논문을 위해 다시 편집하는 것은 바람직하지 않다.

　'직업카드분류 활동이 아동의 진로발달에 미치는 영향'과 같은 실험연구를 하는 경우 실험에 사용한 '직업카드분류 활동'이라는 처치도구는 논문의 본문보다는 부록에 제시한다. 이미 개발된 처치도구를 수정 없이 그대로 사용한 경우라면 부록으로 제시할 필요는 없으나, 연구자가 수정·보완하여 사용했다면 제시해야 한다. 본문에서는 처치도구의 전체적인 구조와 간단한 활동내용을 수정 또는 보완한 내용을 중심으로 제시하고, 처치도구의 전체 내용은 부록에 제시한다. 처치도구의 내용이 많을 경우 모든 내용을 제시하기보다는 독자가 처치도구의 내용을 이해할 수 있는 정도의 범위에서 제시할 수 있다. 예컨대 기존의 처치도구를 수정·보완한 경우라면 수정·보완 내용을 중심으로 제시하면 된다.

연구를 수행하는 동안 수집된 자료 중 연구결과로 제시하진 않았지만 독자에게 참고가 될 만하다고 여겨지는 자료도 부록으로 제시할 수 있다. 예를 들면, 실험연구의 과정에서 관찰한 내용이나 수집된 활동지의 일부, 통계적 절차가 긴 연구의 경우 중간단계 통계치, 여러 단계를 거쳐 수집된 자료의 경우 중간단계 자료 등이 부록에 포함될 수 있다.

질적 연구를 수행한 경우, 실제 결과로 제시한 내용보다 많은 자료를 보유하게 된다. 그리고 그 자료들 중에는 독자가 관심 있게 볼 만한 자료들이 있을 수 있기 때문에 일부의 자료를 부록으로 제시하기도 한다. 수집된 모든 자료를 그대로 부록으로 제시하는 것은 아니고, 독자가 참고할 만한 자료를 중심으로 제시한다.

참고문헌

강혜영(2014). 진로상담교재에 대한 내용분석: 진로상담전문가 역량 요소를 중심으로. 대한공업교육학회지, 39(1), 23-46.

공윤정(2011). 청소년의 성적, 학업적 자기효능감, 성역할과 직업포부의 관계. 청소년상담연구, 19(1), 127-141.

권경인, 김창대(2007). 한국 집단상담 대가의 특성 분석. 상담학연구, 8(3), 979-1010.

김병욱(2018). 질적 연구의 실제. 서울: 학지사.

김신정, 박선정, 김성희, 강경아(2013). 성폭력에 대한 초등학생의 인식 내용분석. 한국간호교육학회지, 19(4), 518-530.

김현령, 김혜숙(2017). 초등학생의 자기가치 판단근거에 대한 합의적 질적 연구. 초등상담연구, 16(4), 411-436.

노윤란(2013). 어머니의 양육태도 및 아동의 내적 통제성과 교우관계의 관련성. 경인교육대학교 교육대학원 석사학위청구논문.

류수민, 한영주(2015). 중증장애인의 비장애 형제로 살아감에 대한 질적 연구. 상담학연구, 16(2), 121-155.

박경애, 방기연(2007). 교육대학원 상담전공 교사들의 경험에 대한 질적 분석. 상담학연구, 8(3), 1185-1204.

박선영(2015). 재혼초기 모친과 동거하는 여중생의 가족생활갈등에 대한 질적 연구. 상담학연구, 16(1), 285-304.

박은미, 이시연(2007). 아동학대 행위자의 특성에 관한 내용분석 연구-사례를 중심으로. 상담학연구, 8(1), 299-316.

성태제(2007). SPSS/AMOS를 이용한 알기 쉬운 통계분석. 서울: 학지사.

성태제, 시기자(2006). 연구방법론. 서울: 학지사.

엄정은, 이재용(2019). 초등교사의 학부모 민원 대처 과정에 관한 체험분석. 초등상담연구, 18(1), 87-115.

오혜영, 공윤정, 김영화(2012). 초등학생과 부모를 위한 진로집단상담 프로그램 개발. 초등교육연구, 25(4), 211-237.

우정애, 김성봉(2014). 인터넷·스마트폰 중독 성향 자녀를 둔 어머니의 스트레스에 관한 현상학적 연구. 상담학연구, 15(2), 865-885.

윤경미, 여태철(2013). 초등학교 고학년 아동이 지각한 어머니의 양육태도와 학업적 지연행동의 관계에서 다차원적 완벽주의 성향의 매개효과. 초등상담연구, 12(1), 87-107.

이계성(2012). 아동의 내외통제성과 우울의 관계에서 사회적 지지의 조절효과. 경인교육대학교 교육대학원 석사학위논문.

이수연, 오주리(2010). 새터민 청소년의 남한사회 적응과 대처경험에 관한 질적 사례연구. 상담학연구, 11(4), 1807-1826.

이용숙, 김영천(편) (2003). 교육에서의 질적 연구: 방법과 적용. 서울: 교육과학사.

이재용(2017). 초등학생의 또래관계 상실에 관한 현상학적 연구. 초등상담연구, 16(2), 167-188.

이정빈(2018). 질적 연구방법과 상담심리학. 서울: 학지사.

이종은, 김미옥(2007). 초등학교 교사의 나눔교육 경험에 관한 탐색적 연구. 한국비영리연구, 6(1), 111-164.

이현진, 김명찬(2018). 상담학 질적 연구 동향분석 (2012년~2017년): 상담관련 국내 학술지 및 Journal of Counseling Psychology 게재논문 비교중심으로. 상담학연구, 19(3), 73-96.

임지나, 최은별, & 신주연. (2021). 초등 저경력 교사의 초등학생 성 관련 문제 지도 및 상담 경험에 대한 합의적 질적 연구. 열린교육연구, 29, 93-118.

전가일(2021). 질적연구, 계획에서 글쓰기까지. 질적연구자를 위한 58문58답. 서울: 학이시습.

정애경, 신윤정(2021). 교사가 지각하는 학교 내 계층의 영향과 계층차별

인식 및 대처에 관한 질적 연구. 초등상담연구, 20(1), 79-102.

정애경, 윤은희(2020). 한국 이성애자의 동성애 및 동성애자에 대한 태도: 탐색적 질적 연구. 한국심리학회지: 상담 및 심리치료, 32(2), 583-608.

조용환(2002). 질적 연구: 방법과 사례. 서울: 교육과학사.

조흥식, 정선욱, 김진숙, 권지성(2010). 질적연구방법론: 다섯 가지 접근. 서울: 학지사.

최희주, 김영근(2020). 상담자로의 진로전환 경험에 관한 현상학적 연구. 상담학연구, 21(4), 79-105.

한국상담학회(2016a). 한국상담학회 윤리규정. 서울: 저자.

한국상담학회(2016b). 한국상담학회 연구윤리규정. 서울: 저자.

황매향, 김영빈, 함은혜, 오상철(2012). 학습부진학생 유형화 탐색: 학습동기와 자기통제성을 중심으로. 중등교육연구, 60(1), 191-217.

Baron, R. M., & Kenny, D. A. (1986). The moderator-mediator variable distinction in social psychological research. *Journal of Personality and Social Psychology, 51*, 1173-1183.

Bogdan, R., & Biklen, S. K. (2007). *Qualitative research for education: An introduction to theories and methods* (5th ed.). Boston, MA: Allyn and Bacon.

Charmaz, K. (2006). *Constructing grounded theory: A practical guide through qualitative analysis.* London: Sage.

Corbin, J. M., & Strauss, A. (1990). Grounded theory research: Procedures, canons, and evaluative criteria. *Qualitative Sociology, 13*(1), 3-21.

Creswell, J. W. (2010). 질적 연구방법론: 다섯 가지 접근(조흥식, 정선욱, 김진숙, 권지성 역). 서울: 학지사(2007).

Creswell, J. W. (2013). *Qualitative inquiry & research design: choosing among five approaches* (3rd edition). London: Sage.

Denzin, N. K., & Lincoln, Y. S. (Eds.). (2011). *The Sage handbook of qualitative research*. London: Sage.

Gall, M. D., Gall, J. P., & Borg, W. (2003). *Educational research* (7th ed.). NY: Longman.

Giorgi, A. (1985). *Phenomenology and psychological research*. Pittsburgh, PA: Duquesne University Press.

Glaser, B., & Strauss, A. L. (1967). *The discovery of grounded theory: Strategies for qualitative research*. Chicago, IL: Aldine.

Heppner, P. P., & Heppner, M. J. (2004). *Writing and publishing your thesis, dissertation and research: A guide for students in the helping professions*. Belmont, CA: Brooks/Cole-Thomson Learning.

Hill, C. E. (Ed.). (2012). *Consensual qualitative research: A practical resource for investigating social science phenomena*. American Psychological Association.

Hill, C. E., Thompson, B. J., & Williams, E. N. (1997). A guide to conducting consensual qualitative research. *The Counseling Psychologist, 25*(4), 517-572.

Moustakas, C. (1994). *Phenomenological research methods*. Thousand Oaks, CA: Sage Publications.

Pyrczak, F., & Randall, R. B. (2000). *Writing empirical research reports: A basic guide for students of the social and behavioral sciences* (3rd ed.). Los Angeles, CA: Pyrczak.

Salkind, N. J. (2012). *100 Questions (and answers) about research methods*. Thousand Oaks, CA: SAGE.

찾아보기

저자 소개

김 혜 숙(金惠淑)

경인교육대학교 교육학과 교수
[주요 저서] 학교 현장을 중심으로 한 가족상담: 이해와 활용(학지사, 2020)
　　　　　　 초보자를 위한 학교상담 가이드: 사례 선정에서 종결까지(공저, 학지사, 2018)
　　　　　　 교사를 위한 학부모상담 길잡이(공저, 학지사, 2013)
　　　　　　 한국이혼가정아동의 성장: 위험과 자원(집문당, 2013)
　　　　　　 초등교사를 위한 문제행동상담 길잡이(공저, 교육과학사, 2008)
[집　　　필] 제1장, 제3장

공 윤 정(孔允貞)

경인교육대학교 교육학과 교수
[주요 저서] 생애개발상담(공저, 학지사, 2020)
　　　　　　 초보자를 위한 학교상담 가이드: 사례 선정에서 종결까지(공저, 학지사, 2018)
　　　　　　 진로상담(2판)(공저, 학지사, 2018)
　　　　　　 진로상담이론: 한국 내담자에 대한 적용(공저, 학지사, 2010)
　　　　　　 상담자 윤리(학지사, 2008)
[집　　　필] 제2장, 제9장

김 명 섭(金明燮)

인천대학교 사회과학연구원 연구중점교수
[주요 저서] 폭력 없는 행복학교 만들기(공저, 학지사, 2018)
[집　　　필] 제5장, 제7장

여 태 철(余泰澈)

경인교육대학교 교육학과 교수
[주요 저서]　교육심리학(공저, 한국방송통신대학교출판문화원, 2020)
　　　　　　　초보자를 위한 학교상담 가이드: 사례 선정에서 종결까지(공저, 학지사, 2018)
　　　　　　　청소년인성교육(공저, 한국방송통신대학교출판문화원, 2018)
　　　　　　　한국인의 삶: 태어나서 서른까지(공저, 교육과학사, 2013)
[집　　필]　제5장, 제7장

정 애 경(鄭愛敬)

경인교육대학교 교육학과 부교수
[주요 저서]　생활지도학개론(공저, 학지사, 2019)
　　　　　　　초보자를 위한 학교상담 가이드: 사례 선정에서 종결까지(공저, 학지사, 2018)
　　　　　　　초등학교 진로교육의 실제(공저, 사회평론아카데미, 2018)
[집　　필]　제6장, 제8장

황 매 향(黃梅香)

경인교육대학교 교육학과 교수
[주요 저서]　학업실패 트라우마 상담(학지사, 2021)
　　　　　　　진로탐색과 생애설계: 꿈을 찾아가는 포트폴리오(3판, 공저, 학지사, 2020)
　　　　　　　초보자를 위한 학교상담 가이드: 사례 선정에서 종결까지(공저, 학지사, 2018)
　　　　　　　사례에서 배우는 학업상담의 실제(사회평론아카데미, 2016)
[집　　필]　제4장, 제10장

초보자를 위한
학위논문 작성법(2판)
How to write a thesis: A guide for beginners / Edition2

2013년 7월 30일 1판 1쇄 발행
2021년 3월 25일 1판 10쇄 발행
2021년 8월 20일 2판 1쇄 발행
2023년 8월 10일 2판 3쇄 발행

지은이 • 김혜숙 · 공윤정 · 김명섭 · 여태철 · 정애경 · 황매향
펴낸이 • 김 진 환
펴낸곳 • (주)**학지사**

04031 서울특별시 마포구 양화로 15길 20 마인드월드빌딩 5층

대표전화 • 02) 330-5114 팩스 • 02) 324-2345

등록번호 • 제313-2006-000265호

홈페이지 • http://www.hakjisa.co.kr
인스타그램 • https://www.instagram.com/hakjisabook/

ISBN 978-89-997-2465-7 93370

정가 13,000원

출판미디어기업 **학지사**

간호보건의학출판 **학지사메디컬** www.hakjisamd.co.kr
심리검사연구소 **인싸이트** www.inpsyt.co.kr
학술논문서비스 **뉴논문** www.newnonmun.com
원격교육연수원 **카운피아** www.counpia.com